公益项目模式

理论框架及其应用

PUBLIC SERVICE AND
PHILANTHROPHY

陶传进　朱照南　刘程程　等　著

社会科学文献出版社
SOCIAL SCIENCES ACADEMIC PRESS (CHINA)

　　本书由北京七悦社会公益服务中心团队共同完成，书中思想与观点主要来源于七悦团队多年在公益领域的评估、咨询等项目实践的积累，团队所有成员均做出了重要贡献。其中陶传进、朱照南、刘程程、卢玮静、赵小平、张丛丛等参与了本书写作。马玉洁、杨亚亚、范娟娟、侯珺、马莎、孙长兰、许馨予、杨明明、杨哲等为本书修改提供了宝贵建议。汪伟楠、孙闻健、张欢欢、戴影、许英、由颖、吴怡秋、闫建超、马莎、李桂敏、宋寒、赵冉、高亚惠、孟甜、刘蕾、张芳华等为本书写作提供了重要支持。

前　言

　　本书的核心概念是"项目模式"，而这里的项目模式与英文表述中的"Logic Model"（逻辑框架）有本质区别。这里的项目模式并不是基于简单的逻辑框架或理论框架进行演绎形成的因果关系模型，而是基于项目实际生长脉络而形成的复杂结构。项目模式所包含的核心要素是"节点问题"，以及解决节点问题的方案设计和特定技术。我们会在第一章对项目模式的框架进行系统解释，这里不再展开。

　　在对项目模式理解的基础之上，我们对目前国内开展的公益项目依据项目模式的复杂程度和技术内涵进行了层级划分，提出了公益项目五层级的分析框架，并且对五个层级的特点及其主要的节点问题进行了概述与分析。

　　基于项目模式的概念，本书重新思考公益组织的一系列管理问题，包括基于项目模式的团队管理、组织战略、项目管理、传播与筹款，并且提出了基于项目模式的公益组织评估与项目评估的新路径。

　　本书理论体系的建构，得益于我们在常年的评估中所见到的诸多优秀项目的启发，感谢这些公益组织，感谢它们的创新活动及其成果；其中一些机构的名称在书中被提及，而更多机构则只是成为无名贡献者，同样感谢它们。

作者谨误

2019 年 12 月

目录

第一章
公益项目模式

第一节　节点问题

一　节点问题概念的引出

节点问题法是从评估社会组织开展的公益项目[①]的实践过程中逐渐发展来的，它是这样一种思考问题的视角：如果将做公益项目比作爬山，那么评估者应该知道如何从山脚爬到山顶，也应该知道爬上山顶的具体过程多么不容易，比如整个过程中要经过的荆棘丛林、悬崖峭壁、天堑关口等；如果你对面坐着的是一位声称爬到了山顶的人，那么，你就可以问："自

[①]　社会组织分为公益类组织和互益类组织，在国内分为基金会、社团和社会服务机构（民非），其中基金会是典型的公益组织，社团和社会服务机构中有部分属于公益组织。公益组织是社会组织（学术上也叫非营利组织）的一种特殊类型。但是目前学术领域尚未对这一界定达成共识，在本书中，我们所使用的公益组织这一概念的核心内涵是指社会组织除了要满足非营利性外，还要满足公益性这一更高的要求。本书讨论的目标对象是公益组织开展的社会干预项目，这些项目既包括传统的慈善救助项目，也包括诸多公共服务项目、社会治理项目以及政策倡导项目等，这些项目既可以由公益组织开展，也可以由互益类组织或者政府开展，本书主要关注由公益组织作为主体开展的社会干预项目，即公益项目。

古华山一条路，你是如何找到这条路的？"

这样一个问题实际上是向对方发出的挑战，只有回答了这一问题，"对方爬上了山头"这一结果才具有可信度。如果他回答了，接下来还有第二个问题：在某一个陡坡处有一个枯草掩盖的陷阱，但那是必经之路，你是如何避免陷落进去的？对方又回答了，于是你继续问……

所有这些问题都是爬上山顶必须回答的关键问题，不管以怎样的方式，对方都必须直面这些问题、解决这些问题。这些问题就是节点问题；在此我们暂且不做精确的定义，但大家可以从名称上对这一概念有一个比较粗略的理解。

随着提问的不断深入，对方回答出来一个又一个问题，最终证明她/他是一位靠着自己的双腿真正地爬到山顶的人。落实到公益项目这里，那便证明了他们运作了一个优秀的公益项目。

评估过程中能否证明对方运作了一个好项目取决于：（1）你所提的问题是否关键；（2）你是否将关键问题全部提出；（3）对方是否的确遇到了这些问题；（4）对方能否将这些问题全部回答出来。随着这四个条件不断被满足，一个优秀的公益项目便会浮出水面。

问：是否有这样一种可能：对方的确没有遇到你说的那些节点问题，但又的确登上了山顶？

回答1：完全有可能。于是，你作为评估方/审视方，就开始提升自己：你发现了一种新型的更有效的登山之路。

回答2：对方以为自己登上了山顶，但其实他/她并没有真正地解决问题。在社会科学领域，常见的一种情形是，你只是在形式上实现目标了，但其实并没有实质性解决问题，或者说，质量丢失了。

二　每一类项目都有自己的节点问题组合

公益项目有不同的类别，每一类别的项目都有自己的节点问题组合，能够把握这些节点问题，就表明我们在公益项目运作的专业性上有了积累。我们可以举出一种项目类型，看一下其中的节点问题组合。例如，评奖类项目是公益组织经常运作的项目类型，较为基础，运作难度偏低，可以以此为例进行分析。

怎样判断一个评奖类项目的好坏呢？有时我们凭借经验，看评选出来的获奖者是不是领域里最优秀的人，以此作为判断依据。但这样的标准也有不恰当之处，有时，评奖会有"事后诸葛亮"之嫌疑，好像是在借着评奖而"收割"领域里的既有成果，而并不是起到激励与引领作用。还有的人说，评奖类项目的优劣取决于评奖过程中，是否领域里的优秀专家都作为评委参与进来，但即便做到这一点也远远不够，因为在评选的各个环节上，都可能会出现公正性的漏洞。更为常见的是依据行为的精细性和资料的规范性来判定项目的优劣，但我们认为这种做法仍然是有问题的。

其实，使用节点问题法可以很好地追问出一个评奖类项目的优劣。我们先不看他们准备的资料如何，而是进行节点问题式的提问。首先，能在这里找到三个一级节点问题，分别是：（1）如何保证该评奖的公正性？公正性显然是评奖过程中第一重要的因素，如果这样一个条件都无法保障，那么它的后续效果将无从谈起；如果能够保证，那就在这里证明出来让旁观者看一下。（2）怎样证明你的评奖结果是权威的？其中的哪些做法有利于评奖结果权威性的提升？之所以有这样的节点问题，关键就在于一个评奖类项目的优劣在相当程度上取决于它在社会中是否有影响力，或者在人们心目中是否有权威。（3）该奖项的评选标准是什么？怎样证明这一标准能产生积极的社会效果？标准决定了我们的引领方向，最终会影响评奖的社会效果。例如，一个评奖类项目在于促进人们做出更多的学术研究，而另一个则在于促使既有的科研成果更好地运用于社会。二者的效果类型显然是不同的，针对当下社会需求的紧迫程度之不同，就可以判断二者的价值稀缺性高低。

三个一级节点问题中的每一个又包含一组二级节点问题。这里将如何保证公正性单独拿出来进行进一步的分析。在该节点问题之下，还可以继续分解，提出更多的二级节点问题。

第一，每一个评委评选完成之后是否当场看到最终评选结果？是否看到评选结果中自身的投票状况？是否在最终评选结果上签字。这一系列的问题意味着，尽管同样是邀请七个评委参加投票，但是在将评委的投票结果汇总起来之后，项目组织方可以在后台暗箱操作出另一个依据他们自身意志而产生的结果，评委只是"走过场"而已。他们不知道自身的评选结果在整体中的作用方式。事实上，我们许多人经常作为评选专家在不同类别的评选中参加过投票，可以回想一下，有几次评选是我们等到最终结果出来，看到不同评委的结果以及他们汇总出来的总结果，然后在上面签字呢？有没有出现过评选的最终结果与你自己的打分情况大相径庭，你却不知为何的情形呢？

第二，在评选现场，专家相互之间是否会交流意见？如果是允许交流的，那便意味着评委甲可以向评委乙暗示自己的倾向，然后乙又向甲透露他自己的推荐选择，两个人之间形成交换关系。通过这种交换，两个人双双受益，受损的却是整体性的公共利益。为了避免这种现象发生，我们通常会采取全程录像和邀请社会中的第三方公正机构介入的方式来保证公正性。

第三，被评者事前是否知道谁是评选专家？如果他们知道专家的名单，就可以事前"做工作"，从而让整个评选过程失去公正性。这里的一个案例是，某重大科技资助项目评选，由于资助的资金量达到千万元人民币的级别，因此评选过程极其严格规范。例如，专家进入现场时，主持方是通过大屏幕与他们对话的；在评选前，评委要先签公正性协议，本着科学公正的精神来参加评选；评选前，评委要将手机暂时交出，保管在一个特定的空间里。看起来这已经无可挑剔，但问题是，在评审前两天，这些评委专家的名单已经向社会公开。于是，在这两天的时间里，他们遭到了大量"关系户"的"狂轰滥炸"：一些申请机构通过各种途径找到这些评委，向他们打通关系。此时再来看现场那些所谓严谨的程序，甚至有点好笑。

由此可见，公正性这一节点问题又可以分解为诸多的次级节点问题，其中的每一个都不能被忽视，任何一个没做好都可能成为一个致命的漏洞。

将上述二级节点问题解决之后，这一项目就成为一个好项目了吗？已经很有可能了。我们作为评估方也曾经对这一判断十分自信，直至有一天我们发现其实未必如此。这是一次小型的评奖活动，是一家公益组织在为一些来自贫困山区的教师进行评优活动，这些老师都是在乡村地区开展教学创新活动的积极分子。评选要在来自10所学校的33位候选人中淘汰8人，选择25人给予奖励。

这本来是一件极其简单的事情，评选过程也邀请来了权威的专家，整个评选过程也极其规范，程序公正得到了良好的保障。但细心的人最终发现了一个可能的漏洞：那些被淘汰的 8 个人会不会因此而遭受较大的心理打击？比如一个学校有 4 名老师报名参评，结果评上了 3 名，刷掉 1 名，那被刷掉的 1 名会是怎样的感受？其实，评委对于谁被刷掉并不关注，学校里的老师对此却是感觉分明；并且，这位老师完全可能就是这 4 位中做得最积极也最有成效的，而只是因为她/他的上报资料中写得不够突出，才无法获得高分。

这时，就需要审视我们要求他们填写的申请资料，看一下所要求填写的方面，如主观填写的形式以及几百字的篇幅，是否真能反映出他们的真实面貌？于是又一个二级节点问题可以在这里加入进来，这就是：如何保证你的公正性既包含程序公正，又不至于让结果公正出现太大的偏差，从而出现落选者感到遭受伤害的局面。

分析到这里我们可以大致总结出评奖类项目的节点问题组合。它们至少有三个一级节点问题，每个一级节点问题中又有更多的二级节点问题。将它们全部梳理出来，向项目运作方提问，可以使项目逐渐完善，而在此之前，我们实际上是没有一个明确的关于一个评奖类项目是好是坏的评价标准的。

三 基于不同的专业视角提出节点问题

以上举出来的是公益领域经常做的一种项目类型，而以下则联系我们生活的实际，举出一种生活中常见的情形。这是北京电视台 2019 年 6 月 9 日的《北京议事厅》视频节目内容，其中讲到了北京市十五届人大常委会第十三次会议中，代表们就居家养老、医养结合话题所提出的议案情况。其中有一个在政策设计上通过官员的陈述已经近乎完美的政策方案，但一旦用节点问题的方式来提问就会漏洞百出。

以下还原整个政策呈现与对话过程。其中引用的文字都是原样摘自节目录音。

1. 社会中出现了什么问题

"北京市有失能半失能人员三四十万人，他们的行动不便，出门也困难，下楼都艰难，有病了、犯病了，特别是每两个月例行的要和医生见面才能拿慢性病药，所以就需要大量上门服务。"

2. 政府相关部门做了什么工作

"家庭医生签约面在逐步地扩大；健康教育关口前移，家门口可以看常见病；社区中心和社区站的药品种类也越来越齐全；慢病的长处方和健康体检政策都得到了落实，极大地方便了老年人看病就医，也满足了大部分老年人的看病需求；我们各区也都想尽办法鼓励医护人员开展上门服务，也取得了一定的成果。"

这就是常委会上政府职能部门官员的汇报内容。可以看到，我们已经在相关方面做了大量的工作，但正是在这一背景下，人大代表提出了诸多的疑问，其中一些实质上就是节点问题式的提问，以下选择性地陈述一些这样的提问，并加以简略分析。

3. 提问1：医护人员的数量足够吗？

画面中，人大代表询问一位医护人员："你这一年签了八百户上千人，那么我算了一下，每季度随访一次的话一年的量就是3600多次，那你等于一天就得有十个随访的任务，这工作量也蛮大的，那么你要到家里送医送药，是不是觉得这个任务太繁重了?"

将上述问题转化为节点问题式的提问:尽管既有的政策举措被描绘得很完美,但在现实中,医护人员是短缺的,这该如何解决?显然,这是一个基于最基本的逻辑就可以产生出来的提问,是在对方呈现出自己的理想做法后,"内行人士"很快就会发现的问题。

4. 提问 2:老年人安全风险如何防范?

"现在这种生活护理工作,因为大部分有需求的老人是生活不能自理或半自理老人,但提供生活护理的护理员他不是医护人员,所以他在技能和专业知识上一定是不如医护人员的;所以在这个服务过程中一定会存在着一定的风险。这时,该怎么办?"

将上述问题转化为节点问题式的提问:为老服务中,存在着较高的风险;以政府发起的公共服务行为,风险的表达还会被放大;即便是在街头扶起摔倒的老人都有风险。那么,这一风险漏洞该怎样堵上?

一位代表的答案是:"我建议长期护理保险要配套,尽快出台。""如果我们有长期护理保险,就可以推动周边养老机构和医疗机构通过专业人员的长期的上门照护,可以为老年人提供一些居家的康复,居家的护理。"

5. 提问 3:基层卫生机构人才问题如何解决?

"基层卫生机构长期面临着招不进人、留不住的问题,引进人才的高学历门槛与社区卫生人才需求还有落差,制度互相打架也不配合,薪酬待遇偏低,职业发展局限等问题需要研究和破解……"

将上述问题转化为节点问题式的提问：在体制内的这种机制下，既有的考评制度存在诸多的不合理之处，它们会导致公共服务提供者失去或降低工作的意义感。例如，形式化的考评占据主导地位，大量的无效精力投入其中。在这种背景下，为老服务改革设想，如何获得在质量与数量上足够胜任的专业队伍？

6. 人大代表的提问4：社工人才问题如何解决？

"社会上普遍认为护理员等同于保姆、阿姨，高素质年轻人不愿意从事这类工作，导致在人才供给上越来越紧缺。"

将上述问题转化为节点问题式的提问：在一些关键的环节，社工队伍仍然处于半缺位状态，该怎样解决这类人才问题？

仅就该节点问题而言，还有涉及更专业内容的问题。例如：登门服务如何保证他们能够深入持久地陪伴下去？或者，至少将有限次数的服务做实、做透、做得温暖？之所以提出这一节点问题，是因为在现实运作中这些陪伴者可以出于好奇，可以出于短暂的兴趣，这样一些动机基础很难保证他们的服务有落地的效果，并且能够持续下去，而社会服务的专业理论则尝试在这些方面找出答案。

7. 结论

如果不看这些节点问题，而只看最初的政府官员报告，我们还发现不了其中有如此多的漏洞，节点问题正是针对这些"漏洞"进行"攻击"的。

这些不同节点问题的提出者都是各自领域的"行家"，正是他们的专业性/经验基础，使他们能够做出这样的提问。其实节目的内容中还有更多的人提出了更多的问题，我们只是举出了以上四个典型问题作为代表而已，但即便从所举出来的这四个典型问题中也可以看出，它们涉及不同方面的专业能力，有经验方面的，有纯逻辑方面的，有政策方面的，还有社会服务方面的。

由于这是一项综合性的解决某类社会问题的整体方案，因此可以从更多的方面来提问题。如果这是一个单一的公益项目，那么就不需要有这么多方面的提问。但与政策行为类似，做公益项目，也需要基于专业性而提出自己的节点问题，并且事前就提出，从而做出一个更完美的项目设计。

四　忽略节点问题的后果

在物理世界，比如我们去登山，如果没有意识到节点问题或者没有解决节点问题，我们就可能落到陷阱中去，或者在某一悬崖处无法前行，显而易见，我们会遭遇失败。但在公共服务领域却不是如此，一个项目的失败并不容易为自己或别人所轻易察觉，即便是察觉了也未必能够有理有力地将其明示出来，以至于一个项目质量方面的低劣并不会影响到它在表面上"实现了目标"。

为了更形象、真切地理解节点问题及其重要意义，这里列出了四种情形，它们都展示了如果忽略节点问题可能会出现的后果。这四种后果各有不同，但都不是我们想看到的。

1. 后果之一：项目效果打折扣

以"紧急救援中递送救灾物品"为例，核心的节点问题是递送的物品如何做到供需匹配。这一问题常被许多救灾组织忽略，他们自然地认为，自己提供的物品是有用的。但其实不然，现实中能看到一些救灾组织递送了价值上千万元的救灾物品，但地震发生过去一年多，这些物品仍然没有用武之地，只是堆积在库房之中。这是一种极端的情形，更常见的是，大量的物品在灾区随地散落，原因是供应的数量远远大于需求，出现了物品过剩。可见，忽略了供需匹配这一节点问题，将会导致项目所起的实际作用和产生的社会效果大打折扣，也就是没有精准地瞄准目标，如果用摄影来做比喻，就是使用一个像素很低的设备拍摄照片，结果得到一张十分模糊的照片。

2. 后果之二：项目形式化

很多公益项目往往会带有这样一种使命，即动员受助者进行自我组织，其中"参与"成为一个重要的概念，动员人们参与也随即成了参与式发展项目中的核心概念。这里的一个关键的节点问题是：人们有内在的参与动机吗？一些机构使用"权利"的概念，来激活人们对自身权益的维护，从而使他们行动起来。这样一种激励途径强烈而有效，但一些组织在长远的发展过程中会发现，沿着这条路子走，容易导致人们进入抗争的轨道，因此必须谨慎处理好一些转折环节才能运用好这一方法。

除此之外，第二种途径则是激活人们追求利益的内在动机，例如生计发展、增加收入。这是一条更加快速有效动员人们参与的路径，但他们也会在事后发现，那些为追求物质利益而动员起来的人往往会局限于眼前利益而忽略了长远目标。此外，一旦经济利益被设计在长远的未来时，公益组织容易产生"画大饼"的行为，让人们产生某种理想化的愿望，实际上却无法实现。

第三种途径则是设计一种人的发展模式，例如，作为媳妇要学会如何处理与婆婆的关系，或者通过关注社区里的公共事务而获得参与后的增能感，以及看到因为自己的参与而产生的实质性的公共效果，从而使自己增加信心，增强能量感。这一条道路虽然不会快速产生效果，对公益组织的能力挑战也格外大，却是一条可以平稳发展且具有巨大潜力的道路。

如上所述，当公益项目动员人们参与的时候，需要通过以上三种途径中的一种或几种来实现，一旦忽略或无视它，就将产生走错路子的风险，甚至更为严重。倘若上述三条道路一条也不走，仅仅是按照"参与"的外在形式，将人们聚在一起，而不解决实质性问题，或是不发展出参与的能力，就成了以表面形式套取社会资源，例如社区中通过发小礼品将居民聚在一起，拍了照片草草了事，就称为居民参与议事。

3. 后果之三：项目无法真正落地

一家社工机构要到边远的郊区去帮助留守儿童及其家庭，其项目设计在形式上非常合理，包含以下几个方面的关键要素。在留守儿童聚集的村庄设立一个项目点，有一个留守儿童活动中心，社工机构每周过来活动一次，每次活动的内容是组织留守儿童及其看护者进行文艺活动，文艺活动的内容又有特定的安排，其中既包含娱乐性也包含教育性，还具有为孩子增能的效果。

但这个看起来理想的项目设计放到现实中却收效惨淡，每次活动参与者都寥寥无几，即便参与的少数几个人也是费了一番周折才动员过来的，其中还不排除给他们一些小礼品的诱惑作用。为什么如此一个设计良好的项目最终却空转了呢？答案就在于一个关键性节点问题被人们忽视了：如何激活留守儿童及其看护人的需求？实际上，服务的内容与孩子眼下的需求之间，还有一段距离。

还可以从另外一个角度理解该节点问题，那就是不管是针对留守儿童还是别的人员，动员他们参与进来通常并不是一件容易做到的事情，在任何动员人们参与或将人们聚集起来为他们提供服务的场所，都必须面对这样一个关键性的问题。但那些持有理想主义观念的服务人员经常会忽略项目初期所要面对的这一问题，在政府购买服务的项目中有大量的项目会陷入这样一种空转状态，其也大致可以从这里找到原因。

4. 后果之四：项目产生负面效果

为人们送"鱼"还是送"渔"，此乃老生常谈，其中的节点问题是：如何在给弱势群体递送物品的同时激活他们向上的动机？实际上，在所有递送资源的情形下都需要注意一系列的陷阱。

可以再举一个现实中的例子，一个企业家团体通过定期发放生活补助、解决学生的贫困问题来帮助大学里的贫困学生。与此同时，助人者还希望发挥更大的作用，即对这些贫困大学生产生心理和人格发展上的帮助，于是在递送物质资源的同时，还会组织这些大学生到企业中与资助方进行面对面会谈，与该企业的员工进行联欢，或到这些企业中去实习。其中的用意是，通过这样一些活动，增长学生的知识，增强他们的能力，提升他们融入社会的程度，从而实现其物质和心理两个方面的协同发展。但在具体运作中，该项目出现了一个尴尬点，那就是大学生的组织方会发现，不管是通过邮件、微信，还是别的方式召集大家一块儿参与这种集体活动，仅会得到少数人的响应，多数人会以静默的方式回避。为什么会这样呢？答案是，这里仍然存在一个节点问题，那就是如何保障受助人的尊严？

一个人接受了别人的帮助，会自觉不自觉地产生自尊问题。在生活中，人们都有这样一种感受，就是我们愿意与自己帮助的人接触而不愿意与帮助自己的人频繁接触。或者换一种说法，一个人面对两类群体，一类是帮助他的人，一类是接受他的帮助的人，问他更愿意与哪一类群体接触，答案是接受他的帮助的人，这是一种自然的自尊心驱使下的行为选择。如果让一个人频繁地以受助人的身份与资助方见面，就会触发这个节点问题。

五　节点问题法是一种思维方式

本部分可作为延伸性思考内容，那些关注节点问题根本特征的读者可以阅读本部分。

1. 节点问题法

节点问题法还是一种思考项目的方式，它的前提假设是，我们已经有了一个通向最终目标的理想方案，然后再来审视现实中的某一方案，这时，就可以以节点问题的方式进行提问。这样一种思维方式来自做组织与项目评估的职业习惯：先假定对方是一个实现了预期目标的优秀项目，然后再进行逐个节点问题的对话，看一下他们是否意识到这些节点问题，以及如果意识到了，他们是如何解决这些节点问题的。

其中，第一个节点问题解决了又会进入第二个，每解决一个节点问题都意味着项目向着更完美的方向递进了一步；在所有的节点问题被追问出来又都得到解答之后，一个项目便相当于接受了所有环节的挑战并顺利过关，然后达到了近乎完美的程度。因此，节点问题法不是看你做了什么，而是看你在做这些事情的过程中都遇到了什么，甚至可以说是看你忽略了什么。于是，在其他方式下完全可能被评价为优秀的一个项目，在这里却会"露出原形"。还以前面提到的评奖类项目为例，看一下这一思维方式的特殊作用。

在某市，政府出资 50 万元，选择了一家慈善组织联合会来做区域内的慈善奖评选工作。其背后的假设是，慈善组织联合会的评奖更民间化、社会化，能够避免政府评奖所存在的固有问题。在项目结项评审时，项目运作方的汇报内容全部按照事前安排，并且也完成了评奖中的全部承诺动作，最终评选出一、二、三等奖共 10 个。

看获奖者名单，他们都是领域内的著名机构，他们的当选没有任何问题。再看评选程序，经过一套严格而规范的程序，召集领域内的专家组成专家组，设置了初评和终评两个环节，最终从 100 余家申请组织中筛选出这 10 家获奖者。再看资金运作，经会计师事务所审计，资金运作符合标准且运作规范；再看相关的档案文件，资料都齐全且保存完整。

到此为止需要为该项目做一个等级判断了，该给它多少分呢？这便是一个棘手的问题，按照上述的表面事实判断，项目除了一些小小的瑕疵外没有任何问题，完全可以得到优秀的结果。但回到现实中，这份评奖有没有实质性地为社会贡献什么？于是，评估陷入了困境。但如果换一个思路，改为从节点问题的角度出发来把握项目，将会产生一幅完全不同的景象。

评奖类项目有个一级节点问题，这就是权威性的问题：评奖主办方的权威性来自哪里？它是如何获得的？它是否在有效地积累自己？一个奖项如果没有权威性，那么它的社会价值、社会影响力都无从谈起。权威性是评奖类项目中的一个重要节点问题。那么该项目是如何解决这一节点问题的呢？

首先，政府将评奖类项目交由社会组织来做，本身是看到社会组织作为社会力量的一部分，可以避免国家主义的传统，因而将社会本身置于权威者的位置，显然是"民主性"成为社会化评奖的权威来源之一。慈善组织联合会具有民主性的厚实基础，如果奖项的评选授予和颁发代表了慈善组织整体的意见或认可，那么这一权威性就是政府所无法取代的。但现实问题是，慈善组织联合会一方面带有官办色彩，另一方面连召集会员开会或召开理事会都有难度，目前在内部尚未形成民主治理的基础，因而其权威性的来源便近乎宣告失败。

权威性的第二个来源是"专业性"，通过民间评选有见识的专家学者参与，将好的项目鉴别出来，并呈现其好在哪里，并从获奖项目中解读出一些难能可贵的优秀做法。这些不仅意味着一个组织在过去数年内的积累与突破，还可以在领域内起到示范作用。但眼下专家学者被请进来只是起到投票机器的作用，根本没有形成依据专业性而建构起评估权威性的路径，因而这一条权威性的建构通道也趋于失败。

其实，我们并不是要求一家社会组织在其评奖初期就拥有权威性。但我们愿意看到，它已经走在自身权威性建构的道路上，只要能做到这一点，在权威性这一节点问题上它便已经获得了高分。然而，现实中它并没有做到。

在其他节点问题方面，同样可以做出类似的提问；将这些问题综合起来，就会对该项目产生准确而有深度的判断。

2. 目标倒推法

这里可以引出另外一种思维方式，即目标倒推法。其大致做法是：设计出了自己要实现的目标，比如登上某一个山头，然后将目标分解，分解到通向山头的路径上，以为走过了这些路径就会实现目标。分解可以很精细，包括每一个行动步骤上都投入特定的动作、特定的资源，不同的环节又能很好地连接起来。但问题是，每一个路径环节，并不是你迈开脚步就一定能够走得通的。

以《西游记》中唐僧师徒四人去西天取经为例，整个取经路途一共十万八千里，路上充满艰难险恶，师徒四人都认识到了这一点。对于唐僧来说整个十万八千里可以分解为自己脚下的行动，只要踏踏实实、一步一步地行动就可以朝向目标不断接近，最终取得真经，在他这里实现目标的核心就是红心、恒心和雄心这样一些内在品质。但对于一般人来说，去西天取经并不是十万八千里这样一个简单距离的问题，其中还存在一些节点问题。整个节点问题的组合可以形容为"九九八十一难"，每一难都具有它特有的挑战，有些时候需要你有高明的身手，有些时候需要机智灵活的策略，还有些时候则需要你拥有面对诱惑而笃定的心态。如何具体化解每一难是孙悟空式的思维，而坚持前行就能成功则是唐僧式的思维。

再举一个现实中的例子。一家公益组织接受政府委托，在一个社区内做停车位收费的议事协商。社区内的主要问题是外来车辆经常进入社区内停放，有的甚至长期停放成为"僵尸车"。由此造成的后果是社区居民经常没有自己的停车位，他们不得不把车辆停放在小区的马路上。为了解决这一问题，政府委托该社会组织进驻社区，动员居民组织起来形成居民停车管理委员会。九人小组很快成立起来，并开展起卓有成效的工作：他们挨家挨户到居民家登记、统计车辆状况，然后将车辆总数与停车位总量相匹配。之后大家讨论出一个停车位收费方案，包括在小区门口设立门禁系统，外部车辆进入要收费。

　　一切安排停当，却在付诸实践时出现了问题。在小区门口，一些车辆要进入小区，执勤人员向他们收费，结果对方拒绝交费。因为不交费，执勤人员就拒绝让他们进入小区。结果他们就将车停放在小区门口，堵住了后面要进入的车辆，且拒不让开。于是，执勤人员就报警让政府执法部门来解决，执法人员到来之后，认为这应该是居民内部通过协商解决的问题，然后就离开了……社区居民停车管理委员会的人又认为该由实际收取费用的物业公司来加大执行力度。但物业公司宁可不收取这一费用，也不再介入停车管理。最终的结果是，大门同样敞开，一切重新落定，与原初一样。

　　从这个案例中我们可以看到，要想解决问题就需要有解决问题的主体。但在本案例中，已经找不到合适的规则执行主体。政府的执法部门不解决，物业公司不解决，居民自我选举出来的停车管委会也无能为力，社会组织找了一个借口不再介入。一件无论如何看都是合理的事情，最终却无法实现。

　　恰好在另外一个社区，另外一家社会组织面对的是同样的问题，他们将问题解决了。其实施方案与上一家的情形几乎一模一样，结果却完全不同。他们描述自己的行动方案是：面对社区停车位问题，动员居民设立停车自管会九人小组；小组首先调查了居民的车辆拥有情况，与停车位进行匹配后，设立门禁收费方案；方案成熟后，正式实施外来车辆进入小区要收费……最终，将小区外的车辆有效排除在社区之外，从而顺利地解决了居民停车难的问题。

　　如果我们没有遇到第一个案例而是直接进入第二个案例，听起来会觉得事件的成功顺理成章，只要我们着手行动，就自动会实现理想的目标。结果是，停车位交给居民自己管理，社区治理实现了一个重大进步；其中既将政府从无限责任中解脱出来，又给了居民自治权。

　　但在我们的既往研究经历中，能做到第二个案例的情形少之又少。以停车位管理为例，当我们真正如此去做的时候才会发现，自己设计的方案要么走不通，要么只是在形式上走通了。

　　现实中，第二家社会组织的成功是实实在在的，但是为什么将它们推广开来产生了形式主义或根本没有实效的结果？原因就在于我们没用节点问题的方案来对该组织如何成功进行深度的分析、分解。这个时候再回过头来与他们对话，问他们："你们设计的在门禁处收费的方案就不会遇到抵制或耍赖行为吗？"答："肯定会遇到呀。"问："那你们是怎样解决的？"答："关键是要将居民参与制定规则这一程序做透，让由此产生的规则具有足够的执行力度，以至于最终能够解决在门禁处拒不交费的行为问题。"

　　"而且还要在一开始就考察到，为什么有的人会如此强硬地不交费。实际上，有些人是社区居民的亲属，他们到自己的亲人这里，尽管他们不属于这个社区，但你如此不近人情地拒之于门外也并不恰当。所以从一开始就要将规则考虑得更全面才合理。此外，还有的人是到社区里面来探访好友，比如来看他们的同学或者同事，这时你也要有相应的应对方案，需要考察不同的情况并将其放进收费规则之中。"

　　这样问下去，有问必答，所有的节点问题都问完了，所有的节点问题都有了答案。到了这时你会发现，他们如何行动的外在形式并不重要，为媒体所渲染式报道的那些内容可能也不重要；真正重要之处蕴含在提出节点问题并予以回答的过程当中。于是，我们就可以知道上述两家社会组织运作模式的差异在什么地方了。当我们只是将其外在的行动方案拿出来，自上而下地推进，便自然会忽略了节点问题、忽略了深层次的技术含量。这个案例也启发式地告诉我们，自上而下地推进社会治理，实际上是无法解决社区治理问题的。

3. 什么情况下容易陷入目标倒推法？

可以在此将思维延伸一下，去追寻一个更大的话题：在什么情况下，我们更容易陷入目标倒推式的思维方式之中？在上述两家社会组织的对比当中可以看到，一旦发现了那家成功的组织，就很容易相信实现目标非常简单，忽视了存在节点问题的可能性，甚至根本就没有节点问题的视角，这时就容易陷入目标倒推法之中。

按照实践中事物发展的规律和顺序，节点问题并不会首先进入我们的视野；相反，它是由那些更务实、更具有探索精神的人从深层次挖掘出来的。在另外一些情形下，我们的行动并不被鼓励采取这样一种落地、探寻深入思考的自下而上做法，反而更愿意采取一种自上而下推进的方式。以下三种情形下，人们更容易陷入目标倒推法之中。

第一，我们拥有自上而下的行政权力，这里就是科层体系，因而，我们可以直接通过行政命令的方式来推进目标。其实在完成任何工作目标时，所有的组织者都自然有一种倾向，即将权力抓在手中，然后将这些目标分解，也将它们分解给不同的人，将不同的人的不同行动投入，分解到实现目标的路径上，然后坐等成果的出现。即便是在公益组织内部，这样一种倾向也经常占据主导地位。我们会将此形容为"布置任务法"：要实现某一目标，首先将此目标分解，将子目标分配给不同的人，让他们在特定时间内完成这份任务；然后，将不同人的结果整合到一起，实现一个目标整体。其实，真正具有挑战的是，每一个人能否在规定时间内完成这份任务，以及完成这份任务的质量如何。专业性是一个看不见摸不着的东西，在我们的成果呈现中，它很难清晰地显露出来，任务分解法经常会收获行动量而无法保证质量。

第二，在那些由理念主导的场所，也容易陷入目标的分解倒推之中。意识形态作为一个自上而下传递下来的价值理念是这种情形，一些由社会基层发源的道德或价值体系也是如此。理念通常具有一种不可抗拒性，因此，它自然会以必然如此的方式叠加到行动者的头上，让人们去严格遵循；至于现实中如何能真实地将它兑现，则经常被忽略。这样一种将宏大目标、理念分解并投入现实中的做法，其实也是一种自上而下的形式，尽管它可能会源于社会、源于一种美好的愿望或坚守。

第三种情形则源于纯粹的理论。一个有趣的现象是，面对现实中的一个挑战性目标，不管它多么具有挑战性，一位纯粹的社会科学理论家，都不难以一种室内勾画的方式将如何实现这一目标的方案勾勒出来。它类似于我们上学时的情形：我们学了一些原理、学了一些理论，然后就要以应对考试或者做作业的方式，来回答那些不管是不是知道的问题。我们要将空白填满，并且确信：答得多总不会吃亏的。

理论也是一种自上而下的思维方式，在某些行动场所，在关于我们如何实现目标路径方面，加入一些颇为可观、颇具抽象性的理论支持，就显得这个路径架构宏大，充满专业的色彩。因此，即便是现场中的一个有经验的行动者，在无法彻底吃透理论时，他也会为其神秘的光环所笼罩，坚决执行它。在最终的结果上，即便是目标没有实现，行动者也会将责任归结到自己头上、产生某种自责行为。

其实，考察一位理论设计者是否真具有解决问题的能力，就是让他们落地到行动的现场，落到行动的方案中，看他们能否提出节点问题；或者，将节点问题抛给他们，看其是否能够解答。在公益项目领域，经常见到专家学者在授课。但如果转换成对话的方式，让实践者拿出问题进行共同探讨，结果或许有所不同。在一次行动方案讨论中，我们提出让专家和实践者共同登台，一同分析让听众受益，结果这位专家首先胆怯了。

上述行政权力、纯粹的理念以及书斋里的理论，都是一种天然的自上而下的发源地；它们与自下而上的节点问题式思考方式呈反方向状态。将它们也纳入进来进行对比，可以更真实地理解节点问题法是一种怎样的思考方式。

当然，在这里我们通过总结节点问题也可以获得相关的知识体系，尤其是在关于节点问题如何解答的体系产生之后，一个新的知识体系的建设也呼之欲出。那么，这一体系与我们前面担心过的自上而下投放的理论思考有什么区别呢？其实类比自然科学中理科与工科的区别就可以明白了：在社会科学中，也有"理科式"知识与"工科式"知识的区别，社会科学中的"理科"知识尚且极不完备，其"工科"知识体系到什么程度就更可想而知。

4. 为什么发现节点问题就是成功了一半

做出这种判断，原因在于一旦发现了节点问题，那么去解决它并不是一件太难的事情。与寻找解决方案相比，发现问题本身或许更具难度，原因如下。第一，节点问题是实现目标路途上一些潜在的陷阱或壁垒，我们即使不发现它们，也会在表面上"顺利"实现目标，而未必会丢失什么；第二，我们的思维习惯就是，依照表面上的从起点到终点的距离，分解动作、分解路程，然后认为这样就可以顺利达成目标，这并不是一种去积极探寻节点问题的思维方式。

如果我们是应对外界考核，那么这样一种思维方式就可以被大大强化，从而彻底失去了对节点问题的探寻和把握，官僚体制中欺上瞒下的作风就是其典型代表，而形式主义的应对工作考核做法则将这种做法彻底职业化。

最为关键的是，我们要想找出节点问题还需要具备两个关键的要素，其中每一个都颇具挑战性：一是具有坚定的追求目标的情怀与探索精神；二是具有专业的眼光，能从外在的行动方式下找出其中的关键问题、关键难点。

第二节　模式设计

模式设计的含义就是设计特定的行动组合。行动都是我们在项目运作中的动作投入，希望通过它们，实现最终目标。其实，动作的投入不是简单的劳动力投入的含义，它们之间的组合有着一定的寓意，体现出设计者的一定用意。从此前的评奖类项目分析中可以发现，节点问题的解决，都是通过一定的行动安排来实现的。

模式设计是我们用于解决节点问题的两个核心手法之一，另外一个核心手法则是动作背后的技术。因此行动本身可以包含技术，还可以包含动作之间的组合，两者各有自己特定的作用，都是为了解决节点问题。

一　动作之间的组合会产生特定作用

动作的组合是最基础的模式设计；它或者是由主动的设计而成，或者通过不自觉的运用而自然出现。不论何种情形，动作的组合一定会产生某种额外的作用，这种作用超出单个动作的机械加总。

1. 负面情形举例

让我们来看公益领域中的一个真实情境：项目人员带着孩子们喜欢的彩笔、衣服等进入贫困学校，要将物资赠与孩子。这本来是一件令人欣喜的事情，但如果出现下述三个动作组合，就会产生一系列令人意想不到的消极效果。三个"动作"分别是：

第一，对孩子有选择性地发放礼物，而不是每一位孩子都能得到；

第二，选择孩子的标准是他们要比其他孩子更加"不幸"，例如孤儿、留守儿童、残障儿童或单亲家庭的孩子等；

第三，发放之后又在全校范围内展开高调表彰或鼓励活动，希望提高孩子的自我能量感。

这三个动作组合本来是为了得到一种积极的社会效果，但当三者加到一起时便会产生"贴标签"的作用。这是我们在项目评估过程中经历的触目惊心的一幕，那些领不到礼物的孩子对得到礼物的孩子进行了无意识的恶意解读，他们的说法是"这个是只有死了妈妈的孩子才用的"。这样的恶意解读会让那些接受礼物的孩子遭受非常严重的心理伤害。其发挥作用的机制是：那些接受礼物的孩子只是部分人甚至少数人，他们在接到礼物时会产生极大的喜悦感；但与此同时，那些没有礼物的孩子就会产生心理上的不平衡感，在这种不平衡感的驱动下，他们会想："为什么他们有而我们没有呢？"原因最终被归结到对方是孤儿身上。于是孩子们的一种嫉妒心理，驱使他们发出了这样一种声音："这是死了妈妈的孩子才用的！"一种初步的贴标签效应便宣告完成。接下来，如果在学校范围内开展大规模的宣传，那就会将这种效果成倍或数十倍地放大。

上述情境是在现实中真实发生的，并不是我们的想象。我们知道联合国《儿童权利公约》已经对在一些具体情境下该如何保护儿童权益做了十分详细的规定，例如第 3 条第 1 款："关于儿童的一切行动，不论是由公私社会福利机构、法院、行政当局或立法机构执行，均应以儿童的最大利益为一种首要考虑。"第 16 条第 1 款："儿童的隐私、家庭、住宅或通信不受任意或非法干涉，其荣誉和名誉不受非法攻击。"但是，我们看到这些条例规定并不能包含我们上面所说的具体情形。这些条例只能作为一种倡导，并无法给出具体情境下的具体做法。我们很难通过简单的列举法就将由复杂的动作组合而成的情形包含在内。而且具体的情境会随着要素数量的增多变得无限多、无限复杂，远远不是列举法能够穷尽的，因而我们无法事前提供一个完备的指导手册告知公益项目工作人员按照怎样的流程去开展工作。

2. 正面情形举例

动作、要素的组合可能会产生"防不胜防"的负面作用。但通常这并不是问题，恰恰是机会，因为项目设计的用意就是通过不同要素的组合实现一种"出奇制胜"的效果。我们的关注点是如何获得积极的社会效果，而不是单纯防范消极的负面作用的产生。抱着这样的心态去开展项目，就会发现原来每一个项目下都隐藏着大量的"机关"，当然这也是项目人员大展身手的"机会"。

2013 年雅安地震发生之后，中国扶贫基金会（后面简称 CFPA）的紧急救援项目做出了以下三个方面的行为反应：第一，机构内的日常办公人员包括行政、财务人员等脱离自身的岗位，快速转化为救灾人员，奔赴灾区一线；第二，他们先调研灾区受灾情况，并把灾区具体的物资需求信息发回到机构总部；第三，总部依据这些信息开始购买物品或调拨物资，以最快的速度，系统性、有针对性地运送到灾区一线。这三个行动要素的组合是有着特定用意的。

表面来看，地震发生之后社会捐钱捐物，将大量的食品、饮用水、药品等物资或资金递送过去。我们认为这样可以解决紧急救援的问题。但这样就可以了吗？

现实场景中，灾区一线的需求对救灾行动有着更高标准的要求，其核心可以表达为：如何解决供需匹配的问题。例如在救灾活动早期（紧急救援时期），短暂的几天后，我们可能会在灾区看到大量的矿泉水、方便面过度供应，但像蜡烛、卫生纸这样一些生活用品却明显紧缺。因而，依据灾区具体需求有针对性地提供物品是做好一个物资救援项目的关键指标，CF-PA这样的项目模式可以使一个一般的紧急救援项目上升到优秀级的紧急救援项目。

二　行动结构会对人产生作用

在上述情形中，模式设计其实就是动作的组合。我们还会发现，不同的人进入一个行动体系中，会形成一个行动的结构。这一结构可以是我们主动设计的结果，也可以是自然而然产生出来的。不论何种情形，它都会对人产生某种独特的作用。我们可以运用这种作用设计出更符合目标的行动结构，顺利解决问题，实现优质目标。

在社会行动的场所，一个位于特定行动结构中的人，会受到该结构的作用。不同的行动结构安排，会对人产生不同的作用。有时，我们就是有意安排出一个特定的结构，让人们处于其中，受到它的作用，从而让人们产生某种期望中的改变。

这种作用有时是潜移默化的，连项目运作方都未必能够意识到，但它的确就在那里发挥作用。比如把一个人安排到一个轻松愉悦的群体，大家活动一段时间之后，这个人的心情就会好转，这种活动是游戏类的时候就更加如此：它既轻松友好又表达对每个人的接纳，因此只要活动进行了，只要一个人融入其中了，那么效果便也获得了。

但我们也的确可以将这个活动设计得更加完美。如在其中增加一些成分，删除一些成分，让作用效果更符合我们预期的目标。一个在校学生群体所进行的某种游戏活动，已经让孩子们之间的关系得到了改善，伙伴关系的真实成分产生了；但还可以让他们的班主任老师加入游戏，从而通过游戏改善师生关系。我们可以在游戏中设计不同的小组，小组之间形成对抗，小组内部则是角色分工，从而每一个人都成为一个特定的角色，一个人会在这个角色位置上获得一些产生积极作用的内容。

行动的结构会影响人，因而公益组织可以利用这一规律来设计公益项目。例如，一个公益组织组织一些中学生志愿者离开他们位于大城市的家乡，到边远的山区去做志愿服务。这种活动是艰苦的，生活条件难以想象，其中一个孩子来到山区之后后悔了，在项目开始之前他就打了退堂鼓。但即便如此，活动的组织者并没有怪他，相反，他们拉着这位还没有热和起来就要分别的小伙伴，一同在山野的晚间，围着篝火看星星。各种关注关爱与难分难舍，感化了这位小伙伴的内心，他最后决定留下来，与大家一起做志愿服务活动。

在两天后的活动开幕式上，大家又将这个孩子安排为志愿者的代表到大会上发言。这种行动安排，不仅让他坚定了参加这一活动的信念，而且还为他的整个人生奠定了一种美好品质的新基础。当然，我们可以说，能够安排出这样一种美妙的行动结构，并不是一种空洞的行为创意，而是根源于人们内心中人本的位置。

不仅是社会服务，在公共参与类项目活动中行动结构的安排也至关重要。在一个涉及多方利益群体之间的利益纷争事件中，大家将共同协商讨论，制定出共同遵守的规则。但这种议事厅中讨论出来的规则，却经不起实践的考验：在实际中需要它产生制约作用时，我们发现人们并不遵守它。

为了真正解决问题，组织方在议事厅中做出了以下几个方面的改变：第一，在规则体系中将此前遗漏掉的情形全面加入进来；第二，在协商中，给多方利益主体中的每一方以充分的发言权；第三，只要有一个人提出不同的意见，这一环节便不被通过，哪怕是耽误了既定的时间，也不进入下一环节；第四，规则中增加了执行监督这一后续安排；第五，规则讨论出来之后，再整体性地面对，看是否还有不妥之处，如果没有意见，则郑重地签字。

所有这些行动结构的安排，实际上就是要使每一个参与讨论的人都感受到自己的重要性，让自己因为参与而承诺责任；严肃而认真的讨论环境，则又增加了规则的庄重性，让它们从一开始就具备冲击最终关口的执行力。

三 节点问题与模式设计的两种关系

模式设计是解决节点问题的两种手法之一。模式设计与节点问题之间的关联，可以有这样两种方式：第一种，发现了节点问题，且相应的模式设计并不难；而另外一种情形则相反，发现节点问题之后，制定模式设计的方案并不是一件简单的事情，这里需要用到创新和创意的能力，因此模式设计就构成了一个组织特有的技术含量或公益品牌的技术内核。

1. 发现了节点问题，模式设计并不难

在上面的抗震救灾案例中，人们或许会感到，设计出那样三个动作环节并不难。但其中的不简单之处在于，一家机构意识到要解决供需匹配这一要点问题，并且设计出一系列的针对性做法。人们通常的想法是，地震发生了，灾区需要物资，我们就将自己拥有的资源提供过去，以便满足需求。但在众多的救灾组织中，能做好供需匹配的机构是很难得的。

除了供需匹配之外，一家救灾组织要将事情做好，还需要注意到更多的节点问题，而正是对这些问题的发现，才反映出一家组织的卓越之处。如果你是 CFPA，为了做好紧急救援工作，在上述做法之外，还能发现新的需求或者需要解决的节点问题吗？以下便是三个新增的提问，回答了它们，将会使项目做得更精细精准，因而可以使项目由优秀进入卓越的行列。

第一，家里有亲人在地震中故去，整个家庭处于悲痛之中，由政府设立的公开救灾物品领取点就会有一些家庭无法光顾，这时该怎么办呢？在玉树地震救灾中，一家社会组织的做法是用自己的卡车，运载着救灾物品登门递送，而不仅仅是设立固定的物品领取地点，让大家过来领取。

第二，这样做会不会有遗漏或重复领取现象？这家社会组织的做法是到每一家都登记，最后与总体名单进行核实，以保证不重复、不遗漏。如果这一次到某一户而家中无人那么也将该户记录下来，择取时间再次递送过去，这样一种精细的做法就做到了在将物品递送到户的同时，能够不重复、不遗漏。

第三，如果还有偏远地区的人不知情，没领取物品该怎么办？这也是玉树地震发生之后我们在现场见到的一个实际案例。当时紧急救援的状态已经逐渐平缓下来，帐篷、食品、药品等都发放完毕，但山那边有几户牧民被忽略了。随着救援时间热点的减退，政府那里的帐篷已经没有了，于是政府官员开着车到社会组织这里来协调帐篷发放的事。社会组织时刻关注可能出现的新情况，并提供了自己拥有的帐篷资源。像玉树这样的地区，牧民的居住地很分散，通过政府的行动可以解决整体方面的主要问题，但也会忽略偏远地区的一些问题。社会组织则与政府不同，他们的物品在需要的情况下可以长久保留，更可以时刻关注随时可能出现的新问题，因而做到不遗漏、不忽视。

其实，评奖类项目也大致如此：一旦找到了有关公正性的二级节点问题之所在，就不难设计出堵住漏洞的策略；项目的精细完美程度，取决于项目设计者寻找节点问题的全面程度。

2. 发现了节点问题，还需要创新创意

另外，有些项目中的节点问题即便被发现并能够通过特定的行为创意来解决，由"创意"二字也可看出其并不容易实现。例如，在学校里推广学生课外阅读活动，但大家更愿意上网而不愿意阅读，如何解决人们阅读兴趣不足这一问题呢？节点问题出现了，但行动方案并不容易设计出来，这位小学校长的做法就是在学校中最好的位置建阅览室，让同学们感受到学校对此的重视；接下来，还要在阅览室内设计出非常人性化的以及具有人文精神的阅读环境：书香气息、窗明几净，与此同时又很宽松自由，一些舒缓波状的木地板宽敞地铺展开来，并一层层叠高上去。这是供人们"躺着"阅读的场所，其中的用意在于告诉人们，这里的阅读环境，已经轻松、自由到了极

致，却没有丝毫前置的意味。这一切，其目的都在于让人们一旦投入其中，就会爱上阅读。

接下来第二个节点问题是：父母们并不支持孩子们参加阅读，他们希望自己的孩子好好考试，获得一个好的成绩。该怎样改变父母们的看法？学校的做法是，组织同学们在学校的大操场上搞阅读竞赛，在全校范围内举行，庄重而热烈。学生们上台表演朗诵、讲解书中的知识与故事，而家长们则坐在台下，以观众的身份观看孩子们的表演。他们最终被感染了，因为自己的孩子表现出如此健康向上的精神面貌；他们的态度也开始发生转变。

以上所举的例子都需要一个创意性的头脑加工工作，而很难轻易产生出来。相对来说公益领域里的创新创意的重要性还没有突出地表现出来，这里或许对节点问题的发现更为重要，下一部分将要讲到的技术问题也具有相当的价值。创新创意只是在一定程度上是重要的，但它是否会达到商业领域的那种重要程度尚不可知。

四　节点问题之间的不同组合

1. 不同的节点问题呈"并联关系"

一个紧急救援项目，其设计的好坏在相当程度上取决于是否能将节点问题尽量全面地发掘出来，并且在每一个节点问题中，尽量将其中包含的次级节点问题也都发掘出来。

但也可以推测出，在抗震救灾项目中，当一些节点问题被遗漏时，或许并不会产生根本性的影响。它们的确会对项目的整体质量产生一些影响，但那只是次级的影响，类似于一个好的项目存在瑕疵。

这时，可以形象地将这些节点问题之间呈现的关系称为"并联关系"，其含义是，缺了谁都不至于让项目整体性失败；但每增加一个新的节点问题，其整体性功能都会提升。

2. 节点问题之间呈现"串联关系"

将评奖的项目放在这里进行对比，可以看到完全不同的一番情形。仅以如何保证公正性这一节点问题为例，它涉及诸多二级节点问题，在评奖前、评奖中、评奖后每一个环节都需要查缺补漏，将节点问题全部发掘出来并加以解决。任何一个环节有所遗漏都将导致问题沿着这一裂缝发作。

例如，我们谈到的某部委评选课题过程中，整个评选环节的规则已经做到了极其庄重和极其严谨，但是恰好在评选前公布评委的环节出现了纰漏。但仅仅这一种情形，就足以让整个评奖或者评选活动出现严重的问题，甚至其公正性遭到彻底的破坏。该模式下，各节点问题之间处于一种"串联"的关系，它们中的每一个条件都要满足才能让最终结果得以实现，其中任何一个出现问题就会产生"千里之堤，溃于蚁穴"的效果。

节点问题可以有各种各样的组合，这里只是做一个示意，而并不做更多的深究。只是想帮助读者加深对于节点问题的理解，仅此而已。

五 模式设计中可以包含多样化的要素

1. 模式设计的基本构成

最基础的模式设计就是动作的组合。但动作的组合这一说法的含义又可以延伸出去，动作是由人做出来的，因此这些组合中一定也有不同的人存在于其中，于是人们之间可以产生怎样的关联，以及人们的整体可以呈现为怎样的氛围等，都是模式设计中所要考虑到的因素。还可以进一步地拓展：公益项目都是以投入特定的资源为起点的，资源与动作结合后才开始产生效果，因此可以将这些动作中所使用的资源，也看作模式设计中的一个构成因素。

2. 模式设计中可以包含更多的要素

再复杂些，还可以在这个行动体系中安置上不同的作用力，比如有的角色是管理别人的，由此便进入一个典型的组织管理的话题；可以考虑其中的领导人对于员工的激励问题，于是便进入组织行为学的话题；还可以在其中包含某些机制的自动运作，比如市场机制、民主选举机制等，由此，模式设计就将更多的其他作用方式纳入自己的体系中。

可以看出，模式设计从其基础含义到其延伸的场所，有一个广泛伸展开来的区域，其过渡地带十分宽广。至于将模式设计具体界定为哪一范围之内，这还是一个有待商榷的话题。在此之前，我们只要持有这样的认识就可以了：模式设计是将不同的人、资源和特定的动作设计成一个行动方案，将该方案在某一时间点上、某一具体行动场所投放，就可以解决某一节点问题、走向某一目标。

3. 模式设计中未包含的要素

在整个行动体系的构成要素中，唯一没有被包含进来的就是其中的技术要素。每一个人都有技术，不同的人可以有不同的技术，这些技术要素也与行动的结构体系融合在一起，一同绕过节点问题走近目标。但是技术问题是一个单独设立并单独讨论的变量，这将是下一节的讨论内容。加上了技术之后，节点问题便有了两种不同的解决方式。

第三节　专业技术

我们组织员工投入行动、追求目标的实现，每一个行动都有特定的个人投入，在行动的背后都包含着其中的技术含量。不同的人具有不同的技术含量，也具有不同的行动效果。

技术是与模式设计并列的另外一个因素，它们的共同目的就是解决节点问题。在解决节点问题的过程中有时是模式设计起到了关键作用，有时是行动背后的技术含量起到了关键作用，还有时是模式设计与技术有机地结合起来，共同解决某一节点问题。

一　社会服务中的技术

公益项目的一种典型情形就是社会服务，在其中我们既需要用心，又需要技术。典型的技术如我们帮助一位有抑郁倾向的人梳理认知、调节心理，经过两个小时的互动，我们能否让对方发生一些好的转变？

还可以举一个更复杂的例子。公益项目，有的是简单的事情，有的是中等复杂的事情，有的是高级复杂的事情，不同的事情需要不同的技术含量。

例如，社区中的失独老人，因为孩子过世长期陷入痛苦之中。这时，他们内心中排在第一位的需求是什么呢？答案并不是养一个宠物，不是生二胎，也不是去看场电影娱乐一下，甚至娱乐会让他们更难受。也许，他们需要的是有人跟他们聊天，陪伴他们。但是公益组织遇到的第一个困难就是，如何进到这些失独老人的家里？因为他们长期处于封闭状态，可能不知道该如何与人交往，外人很难走近他们。

公益组织遇到的第二个困难是，能把他们从家中带出来吗？接下来还有：他们能够相对稳定地参加小组活动吗？这三个问题连贯起来就是一件事，你想给他提供服务，他愿意接受吗？不管在哪里，如果社会组织能做到这些，能够带领这些服务对象走出家门、固定参加活动，我们就会肃然起敬。要做到这个需要非常典型的社会服务技术，它是一家公益组织的核心。

二　公共治理中的技术

公益组织经常从事的另一项活动是动员公众，使之参与到社会治理的工作中来。这里同样需要技术。首先出现的挑战就是如何将公众动员起来，对于长期缺乏参与的人，做到这一点并不容易。更大的挑战还在后面：公众被召集到一起之后还需要参与讨论，其中需要遵循程序中的规则。此外，这里还需要将话题引向深入，并且最终达成共识。整个过程中都对该项目领导者控制场面、达成有效沟通的能力提出了极具挑战性的要求。有时，我们会用领导力来表达这其中所需要的能力，但从一些侧面上看能力的要求已经超出了领导力的概念范围之外，可以包含矛盾冲突化解的能力、沟通的能力，以及对事物的判断与引领的能力等。

实际上，在从公众动员到参与决策的整个过程中，都需要项目的组织方做出一份卓有成效的组织工作。显然这样一种能力又不同于社会服务中温暖的提供、心理的疏导、对成长的引领等。但它们又都位于公益项目的"菜单"之中，都对公益组织有效完成项目产生了一种能力上的挑战。

三　更多的专项技术

除了公共参与和典型的社会服务，有时我们还需要为受益人提供更多样化的服务，其中需要拥有专项技术。比如为他人提供法律咨询，我们就要成为法律方面的专家；提供医疗卫生服务，就需要我们成为医疗方面的专家。甚至在有些场合下我们还需要拥有像如何修锁、如何使用手机、如何帮助残障人士学习做饭这样一些技能。这些服务林林总总、各种各样，但它们的共同特点是都属于各专项的技术，与以社工为代表的社会服务技术和以公共管理学科为核心的公共治理技术并列，构成了一种单独的类型。

四　公益慈善技术

公益领域的基本特色是资金与物资的递送，这里需要我们拥有物质资源而不是技术。但有趣的是，恰好在资金与物资的递送过程中产生了人与人之间的接触，而这时又产生了技术要求。比如，你在递送物质资源的过程中是否尊重了对方的文化？是否尊重了对方个人？在对方接受物质性帮助的同时，他的自我负责任的精神是得到了强化还是遭到了削弱？这一切都存在于公益行动的过程中，会对结果产生实质性的影响。我们将这些过程中需要的一些基本能力称为公益慈善技术。

五　专业技术的类型

到此为止，我们已经大致讨论了公益项目中四个侧面上所展示出的技术，这里只需要对它们有一种较为直观的理解，而不需要做更多的理论性工作。但如果我们在这里做一些更高程度的要求，则也可以进行一个简略的分类。分类不是为了进行学术研究而是为了读者更便于掌握。

　　首先，社会服务与公共治理方面的技术，属于公共服务提供中的技术。公共服务可以由政府来做，也可以由公益组织来做，还可以由其他类型的社会组织（即非公益性的社会组织）来做，要想做好这些方面的事情，就需要拥有相应的专业技术。公共管理学科与社会工作专业就是涉及这些方面技术的专门性学科，当然它们是否能够有效回答我们所需要的技术是什么以及如何才能拥有这些技术，这是另外一个问题。社会科学各学科的相对不成熟是当下的一个普遍特征。

　　而上面所说的公益慈善技术，或公益组织参与慈善活动，在递送物质资源的行为过程中涉及的技术，与典型的公共服务技术还有不同。虽然这里也属于广义的公共服务，但这种以递送资金、物资为核心的慈善行为，不同于社会服务与公共治理，其中的技术手法有着根本性的差异。

　　最后，则是各专业的专项技术，比如医疗、法律、教育甚至不同领域的工程技术，统称它们为各专项技术。

　　将以上所有情形归总起来，首先可以看出两种技术类型，一种是专项技术，简称技术类型Ⅰ，另一种则是公共服务技术，简称技术类型Ⅱ，如图1-1。

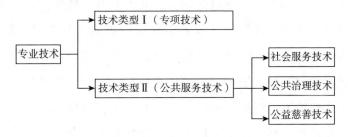

图1-1　专业技术的构成

六 广义的专业技术

我们把能够解决节点问题的方式都看作广义的专业技术。不管是通过什么途径，只要一个人拥有一个相对稳定的解决问题的手法，那么我们便称他们"拥有技术"。这与经过专门的训练或拥有特定的专业学位不同，有时一个人的人格特点就赋予了他一种特长，让他能够在社会活动场所轻易地越过节点问题，顺利地走向目标。如果是这样，我们便认为他拥有技术特长。

例如，有这样一位年轻的姑娘，她在组织大家活动时拥有极为强烈的热情与亲和力，因此，在社区里组织动员大家开展活动时，老人志愿者们就很愿意参与到由她所组织的活动中。只要大家走到一起，在她的指挥棒下一同来做事情，一场生活的盛宴便开始了。因此，尽管一个月只给每个老人五十元钱的象征性报酬，大家却乐此不疲。这便是说，她具有解决问题的技术特长。

在另外的情形下我们的能力可以储存在自己的人格之中，比如我们拥有更高的能量感或更高的自律性，或者是更高的理性看待问题的能力等，这些都让我们在与他人接触时会获得一种特殊的影响力。如果据此而为受助人服务，帮助他们舒缓心理问题，减轻心理压力，或者引导他们走向自我发展，那么，在起点处就会有一种令人可信的感觉，或者更具有温暖度、权威感。我们不必去进行之所以如此的原因追究，但我们的确知道，这样的人，在社会服务方面具有技术能力特长。

在另外一种情况下，后天习得的技术手法则会发挥特定的作用，比如如何操作沙盘游戏来帮助别人发现与疏解心理问题。

通常情况下，专业技术都是由人掌握的，有时是他们的人格特征在发挥作用，有时是其性格特点在发挥作用，还有时是其知识体系在发挥作用。不论何种情形，我们看到正是一个人所拥有的知识或人格特点让他起到专业技术的作用，最终解决节点问题，实现我们所追求的目标。

在后面的第二章中，我们将公益项目分为五个层级，之后还可以看到专业技术是有难度系数的明显差异的，五个层级正是按照技术难度来划分的。随着技术难度的增加，我们掌控它的难度也在增加；与此同时，技术因素在解决节点问题中的作用比例也越来越高，而模式设计在其中的比重则随之下降。

第四节 项目模式理论框架

一 项目模式的完整表达

项目模式是一家组织运作公益项目时，所使用的相对稳定的资源与行为投入方式（模式设计），以及其中所包含的两种类别的技术。在这些模式设计与技术的背后，能够清晰地体现出项目设计者（或操作者）的思路，从中可以看出能够明确意识到的或暗含其中的节点问题是什么，如何通过模式设计与专业技术解决其中的节点问题，走向最终的项目目标。可以使用以下公式来表示项目模式：

项目模式 = 节点问题 + 模式设计 + 专业技术

需要进一步解释的是，这里面产生了两个模式的概念，一个是等号左边的，一个是等号右边的。等号右边的模式设计就是我们一开始所进入的切入点，它是指行动与资源在时空范围内的特定布局，是针对节点问题而来的；而等号左边的模式则是将模式设计包含在内，又加入专业技术和节点问题，形成一个综合的整体。

项目模式三要素之间存在一个特定的关系，即模式设计 + 专业技术→解决节点问题。所以三者并不是并列关系，而是一组解决问题的手法与解决问题的目标之间的关系。一个项目模式的总体中包含诸多节点问题，而其中每一个节点问题的解决都包含项目模式的三个要素，三者构成了一个单独的单元，而诸多单元结合到一起则构成项目模式的总体。其最终的呈现是一个复杂的系统，而不是线性的因果逻辑。

虽说项目模式中包含三个要素组分，但我们可以直观见到的，其实就是模式设计这一种。其中技术承载在模式设计的特定要素中，以隐形的方式存在；节点问题则更不可见，它实际上是实现目标路径上的一些"关口"，只出现在抽象的思路中，而在"实体"的布局中无法现身。

二　公益组织专业性的三要件

1. 专业性三要件的含义

我们认为专业的社会组织或公益人才应该具备以下三种能力。

第一，发现节点问题的能力。通常能够将节点问题意识到或清理出来，就容易找到解决它的办法。至少已经把它作为一个问题解决的目标看待，下一步就离解决它不远了。很多组织经常会投入大量的资源进行运作，表面看起来这些资源和行动设置是在走向最终目标，但它们连节点问题都没有触碰到，甚至都没有意识到要去找这些节点问题，因此便产生了空转，其结果是大量的资源浪费。

第二，拥有专业技术。不管是技术类型 I 还是技术类型 II，它们承载在行动者之上，因此组织的人力资源的重要性在这里就表现出来。一个组织最令人痛苦的地方之一是，意识到了问题在哪儿，也试图要去解决它，但人的能力不足以胜任。

第三，模式设计的能力，即将特定的资源与行动组合起来，越过节点问题，通向最终目标。

这三种能力将成为一家组织解决问题的依托，它们也在一些场合下被我们称作一家组织的专业性三要件。这里进一步解释了社会组织专业化的真正内涵。

2. 公益组织可以具有不同的专业水准

一个组织同时拥有三者显然是一种最完美状态，但有时人们会拥有残缺不全的能力，即拥有其中的一方或两方，状况最糟糕的是，三者都不具备。依据三种能力不同程度的拥有状况，可以将组织的运作分成四种情形。

第一种，三者都不具备，导致组织空转。在公益领域中，拥有足够经验的人大都可以做出这样一种判断，即这一个层级的公益组织绝不在少数。他们看似在热热闹闹地开展活动，但是尚没有摸到社会问题的入口，更不用谈产生积极的社会效果，甚至还有可能产生负面的社会作用。

第二种，意识到节点问题的存在，但还没有找到解决它的办法。尽管目前组织还很难有效地解决问题，并且强行运作会有明显的障碍或漏洞，但它的好处是，对节点问题的意识表明组织已经走在有序的自下而上发展的轨道上，它的未来值得预期。

第三种，组织能够投入相应的资源与行动，能够大致解决问题、实现目标，但他们并没有对自己的节点问题有清醒的意识或进行梳理。简而言之，他们能做出来但他们说不出来。这种组织有着经验层面的项目模式以及至少是基本胜任的技术，但对于节点问题是什么，以及这些模式设计和技术是如何解决节点问题的，则并不清晰。之所以有这种情形出现，是因为许多怀有真诚理念的个人或机构，他们确定了要解决的社会问题之后就追着目标不放，在实践中不停地通过试错调整自己的行动，通过数年甚至更长时间的实践探索和不断积累，最终形成了一套经验层次上的项目模式。但是，这些模式的执行是经验式的而不是理论式的。

第四种，组织既能做出来也能说出来，因此模式设计、技术含量与节点问题的梳理几个方面的问题都得到了完美的解答，这是最理想的情形。这样的组织已经具备了运作项目专业性三要件，同时又具有较强的模式梳理和理论构建能力，即公益研究的能力。

三 产品生产线的比喻

产品本是企业生产中的概念，但在公益领域也可以借用过来，用以形象化地表达公益行动的最终产出。

1. 公益产品

公益产品是指投入特定行为与资源后，经由以组织的专业性三要件为主要能力标志的运作，最终产生出来的新结果。公益产品可以是物资的递送，也可以是对人的影响与改变，还可以是一个新的行动体系或社会组合模式的设计与最终成型，甚至可以是评选出了一批优质的组织等。

将最终产出称为公益产品的关键依据是，整个资源与行动的投入是有结构的，是相对固定的，其中包含着专业性三要件的组分，而且这些组分又具体体现为资源和行动以怎样的方式安排出来。这一点同机械化生产的原理一样，一个机械化生产流程首先需要固定，不能让机器随意变动；其次，之所以固定是因为这样一种生产模式代表了该机器所能体现出来的最高技术含量。由此也体现出项目模式中的核心特点——一套相对固定的流程；并且，通过这套流程来体现出由它加工的最终产品的技术含量或专业含量。

这样一套流程不是任意安排的，因为在组织现有的技术水平条件下，任何一种随意的结构安排或者变动都可能意味着专业含量的变动。

2. 产品质量

产品质量是指特定生产线加工出来的产品，包含了特定的质量参数或技术指标。它们来自生产加工过程中的专业性三要件，正是因为加工过程中拥有高技术含量的模式设计、公益技术以及对节点问题的清晰明确发掘，才能最终产出高质量的产品。因此，产品的质量可以更形象化地理解为一个特定的公益产品所能满足社会需求、解决社会问题的能力，或者说，能够实现既定目标的能力。

3. 技术难度系数

有了"产品质量"这一概念，接下来很容易产生这样一个问题：有的公益项目要实现其既定的目标，难度并不大，也就是说，这类公益项目对专业性三要件的要求并不高，因此很容易获得高分；而另外一类项目在实现其设定的目标时，难度较高，也即对专业性三要件的要求更高，要想自身能够胜任，该类公益项目需要面对更高的难度和更大的挑战。于是"难度系数"这个概念由此而生：它是指一个公益组织所确定的目标对于组织专业性要求的苛刻程度。

显然，产品质量只是描述公益组织能力的变量之一，只有将它与难度系数结合起来，才能看出一个公益组织的真正实力，即难度系数高且产品质量高的生产过程才更加弥足珍贵。

4. 生产效率

在产品质量之外，还有另外一个关键变量，即产品的生产效率。生产效率的基本含义是指，在组织现有的内外条件约束下，它们是否已经以最准确的方式把握了节点问题，是否将资源最合理有效地投入解决节点问题过程中，是否按照最合理恰当的方式将解决不同节点问题的次序安排妥当。如果这些都已经做到，那就说明组织在第一层意义上实现了效率最大化。

但此时组织是在自身内外条件约束下才实现效率最大化的，如果将它的内外条件改善，还可以逐渐进入理想模式，就是效率的第二层意义。

在现有的社会整体条件下，理想模式肯定优于该组织本身的特定模式，因而就存在该组织的生产模式与最优的理想模式之比的话题，于是便产生了相对效率，即组织在其自身的资源条件下即使已经实现了效率最优，也不代表它在整个社会中已经达到了效率最优。

上述两个层面，都事先假设生产线中的效率已经达到最优，即机器的技术参数所达到的最佳效率状况。但现实中还存在机器无法正常开工和运转的情形，以及尽管项目设计非常完美，但项目的执行者在其中并没有完成既定动作，例如可能有偷懒行为等。因此，还需要看现实中，机器或者行动者是怎样运作的，这是第三层意义。因此，考察一个组织的生产效率，需要从以上三个层面来完成。

5. 组织管理

组织的管理是围绕项目模式展开的，这如同在工厂中，工人的管理要围绕机器生产加工线来展开一样。显然，不同的项目模式需要对应不同的人员安排和组织管理，围绕一个完整的项目模式将形成一个完整的生产团队体系，而团队的单元也由此得以圈定。

6. 公益组织品牌

品牌的含义大家凭经验即可知晓。在过去，通过一种特定的感人行动，一个特定的媒体报道，就能为一个公益组织的品牌初步奠基。但在当下，公益组织的品牌需要通过其内在的实质来奠基，即它需要拥有自己的核心竞争力，而这种竞争力是由组织的产品质量与技术难度系数共同决定的。

四 项目模式的来源

这是一个值得所有公益组织关注的话题，组织的品牌和核心竞争力来自项目模式，那么项目模式本身来源于哪里呢？在公益组织的实践中，项目模式的来源无非包括以下四个方面。

1. 有机生长

有机生长是指，项目运作方通过自身的不断探索，让项目模式逐渐成熟起来的过程。这通常意味着三个结论：第一，一个组织要解决一个特定的社会问题，但在自己的眼界中，还没有一个成熟有效的项目模式可供模仿，因此必须通过自己的探索来解决和呈现；第二，这个过程是渐进式的，通过有机生长的这个过程，项目逐渐实现最终的目标；第三，组织的项目模式至少具有一定程度的复杂性，实现目标的路径无法通过表面上的观察直接设计出来。

2. 引入别人的项目模式

在面对一个社会问题时，一家机构可能会看到，在其他地方有的组织已经有了一套相对成熟的模式来解决该问题，并具有特定的效果，因此自己可以引入。但是，引进他人的项目模式有以下两个关键条件。

第一，的确存在这样一种相对成熟的项目模式。但目前来看，这不是一件容易实现的事情，仅就目前的情形看，并不存在太多的相对成熟的项目模式。即使拓展到世界范围内来看，拥有解决特定社会问题能力的社会组织也不多见，所以，创新性在公益领域尤为重要。做慈善容易，但要解决特定社会问题，实现社会治理的目标则是另一回事。

第二，如果存在相对成熟的、可以引用的项目模式，还需要足够明确地总结出该项目的项目模式。如果将要引进的项目模式类比成一套机械加工设备，那么，为了能够使用好这套设备，就需要有使用说明书、需要有工程师来进行解读和指导。如果做不到这一点，就会仅仅看到其表面上的运作，而不知其内在的实质，更不知其技术的承载所在，于是，就会产生"东施效颦"一般的笑话。

3. 自己设计项目

项目设计是一个惯常的用语，但真正依靠自身设计出来的、相对成熟或者成功的项目并不多见。纯粹的设计需要有几个方面的依据：第一，纯粹的理论背景，将理论用于设计，相当于自然科学中将理科知识转化为工科知识；第二，项目设计应基于循证研究中已经得到有力证明的结论，尤其是因果关系式的结论；第三，已经存在一些可供参考的相对成熟或成功的项目。

"模式设计"曾经是一个响当当的概念，我们曾经想当然地认为，通过设计就可以获得一个良好的项目，然后将其执行下来即可。但模式设计通常是一个容易让人产生幻觉进而对人产生欺骗作用的概念。人们会误认为自己所设计的项目能解决社会问题，但其实未必如此。

相反，在解决社会问题的现场，通过实际的探索而逐渐形成的项目模式则与设计完全不相干。甚至可以说，项目模式更有效的形成场所是解决社会问题的现场。或许在一批优秀项目模式产生出来之后，它可以为后人的设计提供某种依据。设计是随着公益领域逐渐完善，以及项目模式这一概念不断为人们认知，才逐渐拥有存在空间的。

4. 在实验室中孵化

许久以前就有一个概念叫"社会组织孵化"，孵化通常意味着让一家组织从无到有的成活过程。孵化的目标中没有硬性地包含"能够打仗"的要求，但组织必须具备运作项目的能力，所以"能打仗"这一目标如果被忽视，那么组织成活在相当程度上就失去了意义。

因此，一个组织的发展应该有两个台阶：第一个台阶是成为法人，即它有了"能够呼吸"、能够"观察外部世界"这种生命力；第二个台阶则是需要拥有解决社会问题、满足社会需求的能力。第一个台阶可以通过孵化器产生，还可以通过特定的个人或机构发起而成立。在当下的时代，迈上这一台阶并不是特别困难的一件事，于是再单独做孵化其意义已在变小。项目模式很难通过实验室产生出来，一家组织必须在实战中才能形成战斗力，而实战场所则是政府购买社会组织服务的场所以及公益组织接受社会捐赠从事项目运作的场所。

5. 附录：公益项目库的概念

"公益项目库"是指对上述几种路径形成的优秀项目模式进行收集和陈列。它包含能够收集到的所有理想项目模式，这些项目主要来自社会组织在实践领域里的摸索和积累。通过总结公益组织在解决社会问题时的专业技术和方法，可以发现一些社会组织能够脱颖而出，设计出优秀的项目模式。可以通过各种途径对这类组织或项目模式进行了解、学习和总结，并将其汇总集合到一个专门的优秀项目模式库中，供大家学习参考。

第二章

公益项目的五个层级

第一节 五层级的整体框架

一 公共管理与公共服务

谈论"公益项目"这一话题不得不落入"公共管理"这个大范畴下，一些关键的概念与观点需要在此呈现。首先，社会事务包含了私人物品与公共物品的供给，二者的供给遵从完全不同的规律，在私人物品这里，每一个人追求自身利益的最大化会导致社会利益最大化；而在公共物品这里，追求私人利益的最大化会损害到集体（公共）利益。其次，两类事务对应着不同的供给主体。企业是私人物品的主要供给主体，遵循着市场规律，通过"看不见的手"调节，目标是实现效率最大化。政府是公共物品的主要供给者，依托科层体系提供服务，其效率问题一直引发众议，于是出现了新公共管理与新公共服务浪潮的革命与冲击。政府被诟病的还不止效率一个方面，公共选择理论较为深刻地揭示了政府作为私利追求者的特征，权力寻租就是其中一个核心问题。更进一步，公民参与的价值观占据越来越重要的位置，这也从另一个方面超越了单纯的效率考虑。

广义的"公共服务"与广义的"公共管理"是两个相互包含、可以互换的概念，它们都与社会中公共事务的提供有关。虽然"公共管理"和"公共服务"两个词可以混用，但实质上任何一个词都是包含"管理"与"服务"两个方面的。管理与服务有着不同的运作机制和技术要求。服务是为人们提供并使之在其中受益的具体活动，最简单的情形如物资配发，更复杂的如教育、医疗等专业化的服务，还有情感陪伴、心理咨询这样一些更偏向主观感受的服务等。服务的最大特点是，所有服务对象之间不存在利益张力关系，即每一个人都是独立地获得一份属于他们自己的服务内容。管理则与此不同。管理需要以集体行动的方式进行，需要参与者通过沟通协作来形成并遵守规则，追求一种共赢的结果，其间存在集体行动的难题或利益博弈的空间。服务和管理既可以是直接针对个人或特定人群的，也可以是针对物性要素，例如改善环境或提供公共设施建设，从而间接针对人（群）的。

我们通常说的公益项目主要就包括上述两大类：提供公共服务和促进公共事务治理。在这里，有一种特殊的类型即"慈善"需要强调一下。慈善不属于狭义的服务与管理的范围，它是针对那些出于自身特殊原因而在市场机制中无法胜任的人，需要在公共层面来满足其需求，从而弥补市场不足的情形。在政府主导的公共服务体系下，基础慈善可以体现为社会福利事业。其中，服务体系与基础慈善通常是借助事业单位来完成的，而管理则通常要借助行政机关来完成。

二 社会组织的职能

除了企业与政府之外，还需要提到一类组织，即社会组织。一个最直接的问题是：社会组织置换的是谁的职能？答案清晰而肯定，那就是政府。社会组织的出现将政府的职能置换出来，因为社会组织提供的同样是公共服务，而非私人事务。

首先，以行业协会为最典型代表的社会团体，其主导的是一个特定行业领域内的公共事务。它们与政府有明显的区别，不再是将全社会的事务统一纳为己有，而是切出一个侧面或一个地域；同时，它们不再用行政权力的方式来提供服务，而是开始尊重会员的意愿，通过民主的机制来完成。

其次，社会服务机构提供的是教育、医疗卫生、文化体育、科学研究等方面的服务，这原本也是由体制内的事业单位来完成的。因此，社会服务机构置换的是事业单位的职能，也属于广义的政府职能范畴，所以当社会服务机构在三十多年前开始出现时，其曾被短暂地称作"民办事业单位"。社会服务机构可以具有不同程度的公益性，从最典型的公益组织到具有明显服务收费性质的、带有社会企业成分的社会组织，呈现一个连续的谱系。因而，社会组织虽然提供公共物品，但它也有与私人物品的接壤地带和一个宽广的过渡区域。

最后是典型公益组织，包括基金会和一部分公益性社会服务机构。严格意义上讲，公益组织进入的仍然是政府的传统"地盘"，过去政府从事的社会福利事业、扶贫救困事业等都属于这个范畴。

公益组织通过自己的资源、人力和技术特长进入这一地带，最初的形式是以辅助和补充政府的方式，在政府力所不能及的地方增加一份助力，或者在政府尚且没有做到的空白地带从事自己的工作。再往后，公益组织越来越体现出自己创造性解决社会问题的本领。它们不仅提供资金和人力资源，而且呈现一种体制内所不具有的解决社会问题的机制与活力。这种能力，不仅在扶贫发展、社会治理、民间智库以及为特定人群提供社会服务等方面不断显现，而且已经进入政府职能的核心地带，由此引发了新近时期的一个大趋势：政府购买社会组织的服务。政府购买服务意味着政府将体制内的公共财政资金连同政府职能一同转移给社会组织，以契约的方式让对方来提供服务，于是产生了三种效果：第一，公共服务被预期为可以更高效率、更高质量地提供；第二，社会组织得到发展；第三，政府职能实现转移，因服务提供而产生的集权化程度下降。

三 社会组织提供公共服务的特征

1. 公共服务提供中的集体行动难题及其解答方式

公共物品的提供过程中触碰到了集体行动的难题，其中最常见的便是"搭便车"现象，而更加通俗化的表达就是"三个和尚没水喝"的困境。为了解决这一难题，奥尔森（1965）给出的答案是：在群体规模大到一定程度无法进行选择性激励（有些类似于"奖勤罚懒"）的情况下，只能通过强制性指令来保证人们的合作。这里实际上是用政府来保证公共事务服务提供，而政府提供区别于市场提供的核心手法就是行政权力，通过行政权力的指令来保障集体行动的完成。

不过，"选择性激励"的说法也给社会组织留了一个口子，即在群体规模不是很大，人们之间能够清晰地鉴别等条件满足时，也可以用非行政化权力的方式。奥斯特罗姆在《公共事物的治理之道》中将这一"出口"阐述得淋漓尽致。最终的答案是：在某些条件下，也可以通过社会的自我组织等方式来解决集体行动难题。

但是，虽然这里将非政府的力量解决问题的条件阐述得很具体，也很清晰，但我们还是很难找到社会组织为什么在没有行政权力的条件下，仍然能够提供公共物品的真实答案，这也是至今仍然摆放在我们面前的问题。

2. 政府体系与社会组织解决问题的两套逻辑

政府提供公共服务是以行政权力为依托，最终所建构的是马克斯·韦伯笔下的科层体系，它强调层级分布与自上而下的控制性，强调每一个人都退化为一个特定的功能角色。这里的思维模式是依据目标分解的方式进行的：瞄准目标，将其分解，然后通过科层体系将分解后的目标体系对应起来加以实现，当遇到阻力时便通过行政权力加以解决。而与此相对的节点问题法在这里没有得到丝毫的体现：节点问题的视角在行政体系里不再存在，而是成了行政体系中的总目标与分目标；解决问题的技术在科层体系里也不再存在，而是变成了行政权力，其背后也许还有意识形态的支撑，甚至上升到政治高度，以无限大的压力把目标实现；此外，模式设计变成科层体系本身，变成部门之间无休止的功能边界的纷争。

3. 社会组织可以拥有的三种特长

第一种特长是专业性。社会组织去掉了行政权力但拥有了专业性，通过这种专业能力解决社会问题。在社会组织提供公共服务的时代，甚至连简单的物资递送都包含着我们意想不到的专业性要求，更不用谈那些高端社会问题的解决和社会治理的实现。社会组织的专业性有三个要件，分别是节点问题的发现、模式设计和专业技术，它们共同构成了项目模式的核心要素。我们在这里需要呈现一个关键结论："项目模式"是本书提出的一个新概念，既有学术体系中尚未提及。

在专业性之外，社会组织还有自己特有的资源与机制特长。这里的机制是指社会组织具有更高程度的自主性，能够自我承担责任，灵活运用资源，瞄准问题并有针对性地解决等。

4. 专业性产生过程的"阵痛"

专业性，这个社会组织的最重要品质，却并没有在早期阶段发育出来。在相当程度上，社会组织仍然遵循官僚体系的目标设定、目标倒推、目标分解的方式。例如，许多社会组织格外强调愿景与使命，或具体化为组织的战略等，然后进行战略分解。当我们看到一家运作了十几年的社会组织仍然在苦苦坚持"参与"的理念却一事无成之时，就会知道这样一种目标分解模式的危险性了。

再如，一批又一批的公益项目将大量的精力与财力花费在需求调研上，而至今为止仍然没有探索出一套解决问题的有效模式。或者，不少组织投入极大精力去关注机构的战略制定、项目管理体系、逻辑框架法设计项目以及评估项目的方式等，而唯独缺少了项目模式这一核心内核，我们将此称为"空转式的组织运作现象"。

当然，这些只是社会组织初期阶段的特点。随着社会组织进入公共服务领域，以及承接政府职能的年限的增长，一批机构凭借务实的精神最终将目标聚焦到了社会问题的有效解决上来，即他们在这里已经探索出了属于自己的项目模式，只不过在当下还属于少数。即使是在公益项目运作经验最为丰富的美国，也是近些年才越来越重视公益项目的有效性，其中社会企业、公益创投以及社会影响力投资等新型组织或机制都要求社会组织必须能够真正解决社会问题，产生实际的社会效果。①

四 公益组织的概念

1. 公益组织及相关概念

在中国，依照官方分类，社会组织可以划分为基金会、社会团体与社会服务机构三种类型。其中基金会属于公益组织类，但社会团体中的绝大多数属于互益类组织，而非公益组织。绝大多数社会服务机构具有公益性质，但也可以具有一定程度的非公益性，即它们的公益性可能并不纯粹。在本书的讨论中，公益组织也包含它们在内。

上面讨论的社会组织的有关结论，自然也适用于公益组织。

我们还经常遇到"非营利组织"的概念，如果不严格区分的话，可以认为非营利组织（Non - profit Organization，简称NPO）就是社会组织，是社会组织更加学术化的称呼。至于在不同的场合是使用"社会组织"还是"非营利组织"，则取决于具体的语境。这里自然也可以推导出来，非营利组织比公益组织的概念范围要大。

2. 公益性的概念

为了更清晰地理解，有必要把我们所理解的公益性阐述一下。公益性的核心是一个人、一家机构在自己的份额之外为社会做出贡献。公益性的最纯粹形式就是主动地做公益贡献，包

---

① Salamon，L. M. （2014）．*Leverage for Good：An Introduction to the New Frontiers of Philanthropy and Social Investment.* Oxford University Press，USA.

括捐赠资金与劳动力，还包括与此相结合的技术与系统化的行动等。

有时会将公益的概念延展，延展到那些非有意性的份额外贡献，例如企业本身是在做营利性活动，但与此同时，它们也会不自觉地承担一部分社会责任。这时这一部分额外的贡献虽然不是企业有意为之，却也可以被认为是社会公益性的成分。与此相对，企业在正常生产经营中也会产生社会价值，比如纳税、解决劳动力就业、贡献 GDP 等，这样一些社会贡献都是重量级的价值成分，但由于这是法律规定的它们在份额之内应当承担的义务，因此不属于公益性成分。

社会组织的一种常见情形是各种协会组织，在其中，会员会缴纳会费，然后协会统一为他们提供服务。这样的协会属于社会组织中的重要类型，但其是互益性组织，而不是公益组织。在协会中，会员所缴纳的会费仍然属于份额之内，会费与他们所获得的服务相匹配；而协会本身则通过提供服务而收取会费，也没有份额之外的贡献，因此它提供的是公共服务，承担的是整个社会公共服务体系中的一种重要职能，但它不是公益性的。

政府行政体系通过强制性收取税收为全社会提供公共服务，在原理上这相当于全社会的成员以民主的机制通过一种契约制让渡自己的部分利益空间与权力空间，建构起行政体系并让其使用税收资金提供公共服务。这种服务当然是至关重要的，但它仍然不属于我们定义中的社会公益的内容，它没有丝毫的份额之外的含义。

对公益成分的更严格定义还要考虑到一个人份额之外的贡献是给了谁，如果是贡献给了他身边的人，贡献给了他社会关系体系内的人，则也不属于公益的行列。只有贡献给了非特定的个人，才属于社会公益的范畴。

五　公益组织提供公共服务的五个层级

1. 公益组织与公共服务

公共服务分为不同的类别，有教育与医疗卫生事业，有基本的社会福利，还有社会秩序与公共安全的维护等。在有了项目模式的概念之后，考虑公共服务时就不再是按照简单的内容划分为不同的类别，而更愿意依照其提供的技术含量来划分，分为由低到高的不同层级。层级由低向高，技术含量也越来越高，技术含量来自项目模式中的技术性。

比如社会福利事业，通常位于教育医疗卫生事业的更低层级，而社会治理的变革又高于一般的教育和医疗卫生服务等内容。但本书更核心的目的不是为公共服务这样一个广泛的内容划分等级，实际上公共服务可以由不同的主体来提供，这个主体可以是政府，也可以是一般的社会组织，还可以是社会组织中一种特定的类别即公益组织。

公益组织是本书关注的核心，公益组织运作公益项目实际上就是公益组织提供公共服务的过程。公益组织所提供的公共服务仍然遵从公共服务的层级现象，所以说公益组织运作项目技术系数由低到高，它们所提供的公共服务也由低层级向高层级展开。公益组织所提供的公共服务有其自身的个性化特征，比如它们通常是从帮贫扶困、救灾应急这样一类基础慈善开始的，再往上进入高层，如动员村民组织起来形成参与式发展的模式。

公益组织从事公共服务的提供，所涉及的项目类型是如此之广、公共服务层级差异是如此之大，以至于将其由低到高勾勒出一个多层级的理论框架，将更有助于把握公益项目，也能够更好地理解公益组织的项目模式。

2. 公益项目的五层级现象

以社会组织提供的公共教育服务为例，有的社会组织以为贫困地区学校提供物资为主；有的社会组织通过培训教师，以帮助学校提升教学和管理能力为主；而有的社会组织则通过影响当地的教育政策来实现社会问题的解决。我们看到，在同一个服务领域，存在多种解决问题的模式，这些不同的模式所要解决的问题、需要的资源与技术都是不同的。

结合第一章对项目模式的论述，本书将公益组织提供公共服务划分为五个层级（见图 2 - 1）。随着项目层级的升高，公益项目的技术难度也越来越高。

第一层级：这里的公益项目主要是指资源或物品的递送，社会组织将物品和资源递送给有特定需要的人，对它们的核心要求是确保物资安全、有效地递送到受助对象手中，不产生无谓的损耗或将物资据为己有。我们将这一层级的公益项目称为"散财/基础慈善"。

第二层级：这里的公益项目是指当所递送的物资达到一定规模或需要经过简单加工时，对于递送过程的效率也产生了更高的要求，这时流程化的项目管理会让整个项目运作更顺畅、精细和高效，例如校舍或厨房的建筑，特定疾病的医疗服务等可以流程化设计。公益组织负责整合各种专业人士，设计出标准有效的项目流程以更好地实现项目目标。我们将这一层级的公益项目称为"流程化公共服务"。

第三层级：这里的公益项目是指社会组织不再将公益资金、资源递送出去，而是留为己用，将其转化为特定的社会服务再递送出去。例如为残疾人、老人、儿童等各类有特定需求的人群提供专业化的、公益性的服务。公益组织通常在这些方面具备更加专业的技术，也可以更加高效地使用资源。我们将这一层级的公益项目称为"社会服务"。

第四层级：这里的公益项目是指社会组织将资金"据为己有"，然后转化为管理，运用于群体之中，以便协调群体的行为，达成某种有规则的、朝向特定目标的集体行动。显然通过第三层级和第四层级两个层级的分类，我们将服务与管理区分开来。我们将这一层级的公益项目称为"公共治理"。

第五层级：这里是在一个特定的社会系统内做综合性的解决社会问题的尝试，它完全可以包含第三、第四层级的内容，但又有超越，例如做民间智库、政策倡导、社会第三部门发育的推动，在一个特定地域内做教育政策的综合改革、社会治理的综合改革，等等。我们将这一层级的公益项目称为"社会系统变革"。

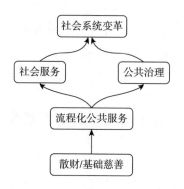

图 2-1 公益项目的五个层级

3. 更多的分析

公益组织在不同层级的表现也有差异。第一层级几乎就是公益组织的专属领地，而第二层级虽然也是公益组织占相当份额的权重，但是通常都会有捐赠人（通常是企业家）的卷入，他们将自己的管理运作经验带进来。到了第三层级，典型的组织则是社会服务机构，社会服务机构通常都具有公益性质，但是不是纯粹的公益性则另当别论，他们可以通过自己的服务来收取费用，因此也一定程度地向社会企业转移。而第四层级的内容，尽管也可以由公益组织来做，但该区域中更典型的主体则是各类协会，例如行业协会商会。到了第五层级，比如民间智库或行业引领性组织等，其公益性再次突出，但这里的情形较为复杂，暂且不得出一个明确的结论。

随着公益组织的介入层级越来越高，它进入社会治理的程度也越来越深，有时我们会说，这是公益组织开始承担越来越重要的社会使命。它已经不再仅仅是第三次分配这样一种简单的角色，而完全可以将公共财政资金运用起来，借助政府购买服务这种形式来促进政府职能的转移。当然，即便是公益组织在社会化公益中独立运作，随着层级的升高，它也在更有深度地改变社会。在国外这样一种行为被称作社会干预类项目，而在国内通常不使用这个词。本书中就一并使用"公益"这个词来做综合性表达。

六　对非营利组织管理学科的再思考

非营利组织管理又称为非营利管理，简称"NPO 管理"，它是公共管理学科之下的一个二级学科，因而在原理上它并不等同于企业管理。企业与 NPO 都是组织，但二者之间存在巨大的差异，一个提供私人物品，一个提供公共物品；一个属于经济管理学科范畴，一个属于公共管理学科范畴。另外，企业管理的思路通常可以大举进入 NPO 管理领域，曾经有一个讲座的题目叫作"企业管理思路在基金会运作中的借鉴",此外在《公益向右,商业向左》这样一类著作中也会引入 NPO 和企业管理两个思路之间的争论。在公益领域,有一类基金会是由企业发起成立甚至主导运作的,它们将企业管理的精髓带进来,既显示出自身的优势,也有自身的局限。这一切表明,在管理学的视野上,区分出企业管理与 NPO 管理是很有必要的。

根据公益项目五层级理论,我们可以清晰地看到企业管理和非营利管理的分野。二者在不同层级的公益项目中各自施展独特技术,形成配合。而如果没有这一清晰的分析框架,就很容易导致对非营利管理独特性的忽视和对企业管理技术的过分放大。

1. 管理技术在第一、第二层级的应用

首先从原点展开讨论,基本的物资递送既不需要高端的企业管理,也不需要高端的非营利管理,就是简单的资源递送;其核心的条件就是需要拥有资源。但一旦资源递送量变大或变得常态化,那么一个具有企业管理精神的人就会从中看出端倪,他或许会批判公益组织的运作缺乏效率,于是会将企业管理的精髓引入。例如对最终目标进行分解,设定具体的子目标,然后设计达成每个子目标的步骤和流程,每一个流程点都有特定的职责与权限,配以相应的激励机制,然后所有的这些目标点能够形成一个整体,确保最终目标的实现,并且其中的流程与结构的设计是最佳的、最节省的,那么就可以将其标准化,这样就可以实现一个标准的流程化公共服务。公益组织也可以做到这一点,例如前述 CFPA 对于紧急救援流程的设计,但企业家在设计流程、制定标准和提高效率方面更具优势,于是我们可以说第二层级是企业管理的天堂。

在一个为贫困地区中小学进行营养厨房建设的项目中，一家企业基金会将其营养厨房设计与运作的整个流程的思路呈现出来。其中包括如何以最专业的方式建设厨房，如何在营养厨房建设起来之后让它有秩序地运作和管理，如何通过标准化的流程购买原材料，怎样保证物品的采购、加工与供应的过程达到效率最优，如何避免其中可能会发生的风险，例如食品中毒等。这一切与企业家建构自己的营养厨房完全相同，很难找到再对其进行优化的空间，这样一种完全发挥企业管理潜能的公共服务层级为什么是公益的，而不是市场化的呢？其唯一的差别就在于这里是企业出钱，简而言之，当企业出钱捐赠于营养厨房的建设中时，它们的特长不仅在于资金，还在于它们自己进行设计与运作的管理。

总之，我们可以发现第二层级的公益项目充分体现出企业管理的精髓，除此之外并没有为 NPO 管理留下空间。

2. NPO 管理技术在第三、第四层级的应用

第三层级的社会服务与第一层级的散财/基础慈善和第二层级的流程化公共服务存在本质的差异。其第一个表现是，这里的金钱激励不再能够主导服务机制，即服务者如果仅仅靠金钱激励，那么服务便很可能提供不好，而为了很好地提供服务，就需要有类似于公益理念、社工服务理念等超越性的成分，这一点便超出了正常的市场经营运作范围。

第二个表现是，社会服务需要特定的能力，这样一种能力来自 NPO 管理以及社会服务工作两个专业，而不是来自市场营销、企业管理、经济管理等学科领域。通常，这样一种能力又与特定的理念相结合，与特定的非营利动机相结合，这正是为什么社会服务问题在市场中并没有得到完好的解决。例如一

位企业家可以很好地管理自己的企业，但他未必能够当一位好爸爸或一位好老师，尽管二者有一定的共同点，但也存在一定的差异。企业管理可以靠金钱激励以及权力控制而使事情顺利向前推进，但社会服务不能主要依靠这二者。

第四层级又出现了一个质变，它比单纯的为人提供服务更复杂，它涉及很多人，需要协调众人的关系，需要大家采取某种相匹配的行动模式，这是一个巨大的挑战。在过去，通过行政权力可以很好地解决这一问题，但在没有行政权力的情况下如何解决公共治理的问题，在现实中并没有给出系统化的答案。第三层级通常也可以归结于公共管理的范畴之内，或者位于由公共管理向市场的过渡地带上。因而正是第三、第四两个层级构成了广义的公共管理的核心内容，是公共管理这个一级学科要加以回答的问题。尤其要突出的是，在过去政府通过行政权力可以强硬性地回答这一问题，而当下不用行政权力，公益组织要通过怎样的技术手法来保证目标的实现，仍然没有一个明确的答案。

正是第三、第四层级的公共管理性质，使其构成了与第一、第二层级的本质性区别，从而也给企业家介入公益领域设置了一个"天花板"。"天花板"位于第二层级与第三层级的分界处，因而，一位有管理能力的企业家，他可以很好地完成第二层级的公共服务，但面临第三、第四层级中的问题时可能完全束手无策。

公益组织也面临另一种困境，它们可能会通过长久的探索掌握第三、第四层级中不用权力就能实现公共管理的本事，但在第二层级中，在需要运用企业家思维的方面却可能构成短板。如果一个公益项目既有第二层级的组分，又有第三、第四层级的组分，例如它是一个混合型的或是一个过渡型的，那么就会对两种管理能力都提出要求，这便对公益组织的人才提出了更极端的挑战。这也正是为什么公益组织中所需要的人才的技术能力含量会超出一般的企业管理，也是为什么公益组织的工作人员需要获得恰当的报酬，以便吸引到有能力的人进入。

3. 公益组织的真正特长

公益组织可以问自己这样一个问题：我们作为个体，自己的特长是成为一个慈善家吗？答案可能是否定的，因为真正的资金捐赠者很可能并不是公益组织本身，公益组织和公益人才只是使用别人捐赠来的钱把事情做好而已。因而公益组织最需要拥有的特质是做事情的能力，而非自豪于自己的公益慈善品质。

当然这一答案并不是坏事，正因如此，我们才能理解公益组织需要专业人才，以及需要为他们付出恰当的工资。尤其是呈现出五个层级的格局之后，可以看到，越是往高层级，其对公益组织能力的挑战就越大。这样的上升过程，通常显示出公益组织的一个重要的成长方向。

但是，五个层级的项目本身并没有高低之分。通过五个层级的方式来呈现公益项目，只是表明整个社会对于不同层级公共服务类型的急需程度，或这类公共服务的稀缺程度。越往上技术难度越高，稀缺程度越高，因此它产生的社会价值也就越大。但这并不等于说第一、第二层级中的服务在社会中已经达到饱和，相反它们远未饱和，这是人尽皆知的事。除此之外，每一个层级都可以将项目做得卓越，但即使是第一层级或第二层级，将它们做成卓越的模式也并非易事。公益组织通常用1A到5A来表达，A越多表示它的级别越高，做得越好，而每一个层级的公益项目都可以做成5A级的项目。将每一层级的公益项目做好，构成了公益组织成长的另一个重要维度。

第二节　第一层级及其节点问题

一　第一层级的基本特征

首先，第一层级简洁明了，就是要筹集钱物，递送给有特定需求的人，因而这一层级被称作"散财/基础慈善"，即将财富散发出去，精准递送到目标人群手中。要实现这样一个目标，筹款筹物的能力显然非常关键，但此处的重点并非讲筹款相关的专业知识，因而不展开讨论。

其次，公信力非常重要，这是指别人捐赠出来的钱与物是否能原样递送出去，而不会丢失或损耗。其中一种极端情况下的优秀模式是：让每一分钱从起点到终点都路径清晰、公开透明，从而让捐赠人充满信心并乐于捐赠。汶川地震发生之后，中国社会化公益第一次真正在全社会范围内大规模展开，一批公益组织应运而生，它们在没有任何经验的情况下就尝试着用各种方式建构自己的公信力。

其中一种做法是把入口和出口的钱核算到"分"，最终哪怕只有几分钱的差异也要找出原因；另外一些机构则通过拍卖收集善款、捐赠灾区，在此过程中，让公正机构全程跟进，以便与捐赠人建构一种信任关系。

这样一些绝对公信的做法显然成本过高，但是这一现象的产生与社会低信任水平相关联。而我们在此之上需要继续思考，在保障公信力的前提下，第一层级范围内的公益项目，还存在哪些节点问题。

二 第一层级主要节点问题列举

1. 如何激活对方的自主性？

在思考节点问题之前，可以先引入一些更加常规的问题。以下这一问题是现实中真实发生的争论，至今还没有标准的答案。这一现象说明，第一层级的公益项目并不像表面看起来那么简单。

原始问题是：给别人资金资助要不要附加额外的条件？一家公益组织中的两位决策者在这一观点上发生了分歧，其中一个人认为需要，另外一个人则观点相反。

前者的依据是：给受益人钱物的同时附加额外条件，能够让他们珍惜这份钱物，产生感恩之心，或者因此自强起来；而后一种答案的理由是，给人家钱就要干干净净，不要附加条件，以免让对方感到不被尊重。在现实中，如果真有两个人围绕这个问题发生争执，那么他们是很难在短期内说服对方的，因为每一个人都会看到正确的一面，但同时也会对问题的另一面有所忽视。在现实的公益项目运作中两种情况都有，不同的运作方式都有成功的典范。

在所有的助人类项目中都存在这样一个节点问题：在帮助别人的同时，如何做到激发别人积极向上的动力，而不是让别人形成"养懒"的心理？从宏观的角度讲，西方一度盛行的福利国家理论就曾经在社会中造成了"养懒"的心理，这样一种国家层面上的制度举措所产生的效果值得公益组织借鉴。在我们国家，由政府牵头进行的扶贫攻坚产生了举世瞩目的效果，但与此同时也出现了"输血"还是"造血"的问题争论。"输血"是对方被动等待，滋生"等靠要"的思想，甚至产生

"贫困文化"这样一种现象。那么，在物质帮助的同时，如何激活对方自身的发展动力呢？公益组织在第一层级从事基础慈善工作时，面临同样的节点问题。

　　这里有一个例子。有一家公益组织，此前，他们将钱捐赠给另外一家更大的公益组织，但在运作过程中产生了公信力的问题，于是他们便自己做，以为这样就可以更好地实现资助目标。没想到，在这条路径上他们同样遇到了一个巨大的挑战。他们在当地选择了部分孩子进行医疗帮助，然而，获得帮助的群体在得到医疗救助之后，慢慢衍生出更多的其他需求，并希望公益组织能予以帮助，而这就自觉不自觉地开启了依赖的大门。与此同时，其他孩子也开始向这扇大门内挤入，他们也提出自己的需求，希望能获得这家组织的帮助。这是人性的必然，我们不能将责任推到这些受助人身上，重要的是助人者需要找到避免问题出现的方法。

　　问题还可以继续深入：有的公益组织意识到了上述问题，如一些资助贫困大学生的公益项目，在给予资金资助的同时，也组织他们参加活动，希望贫困大学生借此获得心理与社会方面的发展。但在此过程中，他们遇到了一个难题，即在将受助人组织起来时遇到了很大的困难，不管是使用邮件还是微信，贫困大学生通常反应冷漠，不愿意参加资助方组织的活动。这进一步说明，激活人们自主性的设计，有时并不见效。

　　其实，如果是一个专业人士来面对这样一种项目模式设计，他会提出一个问题：你知道这些受助人愿意和谁一起活动吗？选项分三种：第一，资助他们的人；第二，他们资助的人；第三，任意的公众。按照人的心理倾向，更多的人最愿意与自己资助的人在一起，而不是与资助自己的人在一起。因而，该项目设计中存在一个小小的漏洞，导致它无法解决与自主性相关的节点问题。

2. 如何防止贴标签效应？

本书一开篇所举的例子就是贴标签效应。贴标签效应的发生场所是如此广泛，以至于我们经常会踩中这里的雷，诸如"留守儿童""流动儿童""孤儿"等称呼，都是一些敏感性的词语，十分容易造成贴标签的后果。

一位由外公外婆抚育长大的孩子，他上大学之后告诉我们，当他知道自己是"留守儿童"时，他所受到的伤害比他实质上是"留守儿童"的伤害更大。而一个打工妹也有类似的经历，她告诉我们，她与众多来自农村的女孩一样，带着兴奋的心情来到城市追求个人的发展，但在某一天，当她知道自己就是所谓的"流动儿童"时，她百思不得其解，关于自己到底是谁的思考，一直萦绕在她的内心无法挥去。而她最后坚定地选择走进公益领域，也与这样一种纠结的经历有关。

经常有人会把贴标签理解为使用了某种错误的词语，因而不断主张改变用语。其实，关键点可能并不在这里。更有可能的情形是，我们在交流时针对某一类特定的人群专门使用了一类词语，不管这类词语叫什么，只要这类人群被从整体中分离出来单独称呼，就会产生贴标签效应。

在这里还可以引申一点，有时贴标签并不是一个简单的称谓，更严重的是直接带有某种意义的暗示。先讲一个故事，一次我们在打工子弟学校做访谈，问其中一个女孩："你来到大城市，有没有感受到来自本地人的歧视？"第一遍询问时，她的表情严肃起来；再解释一遍，她直接陷入悲情；继续追问，对方便哇哇大哭起来。而其背后的原因则是一个有关歧视的话语，这套话语或者来自她的父母，或者来自她的老师，甚至还有可能来自公益组织。

在一些特定的场所，针对特定的服务对象，公益组织可能会在试图帮助他们改变自己境遇的过程中使用一些特定的话语，例如歧视、不平等、权利遭受侵害等。在这种情况下，贴标签效应已经不再仅仅停留在表面上，而是直击到服务对象的内心深处。这通常会给一个孩子带去很负面的自我评价，或是令人迷茫的身份认同困惑。结果是，在我们改变孩子的境遇之前，首先就把孩子带入负面的自我界定中；接下来，似乎只有抗争才能够引导一个人走向解脱。从社会工作的优势视角理论来看，这种做法也是值得商榷的。在帮助一个人的过程中，既帮助对方改变命运又帮助对方改变自我界定，才是一种更恰当的做法。

3. 如何真正做到尊重对方？

向别人递送物质性帮助之时，会带来人与人之间的接触和文化与文化之间的碰撞，因此就涉及是否伤害到对方尊严的问题。

先举一个最容易识别的例子，一位外来官员在参观完少数民族地区的一个贫困村落之后，找到一位看起来"挺可怜"的孩子，递给他一张百元大钞。在对方伸出小手接钱的时候，这位官员突然吃惊地喊道："哎呀，你的手怎么这么脏，你看你们这里这么多的水，为什么不洗干净呢？"旁观者可以一目了然地看出其中存在的问题，但是当事人并不自知。

还有更复杂的情形。一个以某基金会为核心的志愿者团队，到了大山中的少数民族地区，用一个偌大的排场来宴请他们所资助的学生。晚宴开始后，这些资助者首先宣布一条吃饭的规则，他们告诉大家："你看你身前的桌子上有两双筷子，一双在你跟前，一双在菜跟前。你吃饭时要用第二双筷子把菜夹到你自己的碟子里，然后再用第一双筷子来吃。"他们背后的用意是，要教育孩子们学会文明的规则。但对于这一帮平时用手抓饭吃的孩子来说，这样一种新型的"文明行为"很可能会伤害到他们的内心，这里触及他们的文化尊严。

作为对比，在另外一个场所，当一帮公益人士过来与艾滋病病毒感染者一同吃饭时，每一个人身边有一个汤盆。结果这位公益人士拿着自己的勺子，故意伸到对方的盆里舀汤喝，用以表示亲近和对于这些感染者没有丝毫介意之心。

4. 如何不伤害到受助对象的公正感？

公益组织为一部分孩子递送钱物，其他孩子也会看在眼里，这是否会引起"旁观者"的不公正感？

一个公益活动的场景是：公益组织的人员大包小包地扛着饼干、衣物走进受助孩子的寝室，而其他孩子站在路旁羡慕地观察整个过程。同样是边远地区的贫困孩子，有人获得帮助，而有的人却没有获得，显然这种帮助会给"只能旁观的人"的内心种下一些什么。

在另外一个场景，两类孩子又一同列队站在了操场上，接受受助人的巡视。其中受助对象穿戴整齐、新衣新鞋，而另外一个群体则是当地传统的破旧衣帽，二者站在一起对比十分明显。显然这样一种对比也具有伤害作用，那些没有获得帮助的孩子轻则产生嫉妒感，重则产生不公正感，即使是嫉妒感也可以达到强烈的程度。

在初中、高中阶段的校园中，经常会看到这样一种校园欺凌现象：在一个孩子被老师突出地表扬后，他很容易遭受同学们的群体攻击。在一次"过来人"的讨论会上，有几位同学都回忆了初中、高中阶段的类似经历，其中有男性有女性，当时，他们因为学习成绩好或行为表现好而得到老师的明确表扬后，就很容易在同学间惹起麻烦，甚至有一位同学回忆说："在学校内应对学习任务，在放学后应对同学的拳头。"

公益组织选择对象进行帮助，虽然并不要求遵从普惠性原则，只需要按特定标准非特异性地选择帮助对象即可，它们也的确拥有选择的权限，但与此同时，它们必须回答这样一个问题：在帮助一部分人的同时，如何不明显地伤害到另外一部分人？只有堵住了这一问题上的漏洞，它们才有资格依照公益选择的准则"任性"地选择。

三 第一层级总结

本部分描述的是在第一层级上做基础慈善时应该注意什么。当我们递送资金或物资时，需要注意以四个核心节点问题为代表的问题体系，要将四个节点问题作为基础慈善无法忽视的四大陷阱。在此之后，才是有信用地保证物资递送到目标物身上。有时，我们可能没有意识到节点问题的存在，但会在内心中自然遵从这些原则，这样做也足够了。

第三节 第二层级及其节点问题

一 第二层级的基本特征

流程化公共服务可以理解为，当递送资金或物资达到一定规模，且有一定的时间连续性之后，将其设计成规范的流程，以便提高递送的效率。例如，一家基金会为边远山区的孩子递送图书，在学校的班级中建立图书角。这本来是一种较为基础性的公益慈善，但他们将这样一件平凡的事情做到了极致。具体体现在，从图书的名单选择、图书的购买、图书的递送到图书的接收，最后布置到位，整个流程中的每一个细节都被考虑到，最终达成了一个全部流程共 65 步的项目运作目标。

65 步首先表明了整个流程的精细，在常人看来也就是买书送书的一个简单过程，在这里却做得如此精细化；并且其中的重要环节该怎样做都有明确规定，因此将每一步该怎样做通过制度化彻底固定下来。除此之外，它还意味着每一步该怎么做都是经过认真思考的，最终让每一个环节都合理化。最终的流程是一个恰当而顺畅的整体运作体系。

流程化还可以发生在更高级的服务场所，以爱幼基金会的爱佑童心项目为例，这是一个为贫困地区孩子免费筛选治疗先天性心脏病的项目。其中核心环节是为贫困地区的每一位孩子做身体检查，一旦发现他们有先天性心脏病，且属于特定的可治疗范围，就把他们送到定点医院加以治疗，完成治疗后再将他们安全送回家中，每一位孩子的治疗费用大约为两万块钱。

但当这样一件事情大规模开展起来时，其就构成了一套复杂的行动系统。如何能将事情安排得有条不紊，就成了该公益项目管理的核心挑战。而恰好该项目的管理层具有企业文化的背景，他们既追求出资做公益的行善，又追求行善过程中把事情做到高效有序，于是一套清晰有序的体系应运而生。

整套体系可以以简洁明了的方式回答整个项目中的几乎所有问题：如何筛选儿童？如何将孩子送到离他较近的大都市？在该大都市与哪家医院合作？怎样进入治疗体系？如何付费？如何表明手术已经成功？最终如何把孩子送回家？结果，帮助儿童治疗先心病这样一套复杂的体系，被设计和运作得像企业中的简单产品生产线一样标准流畅。后来，这套流程体系也总结成一个指导性册子，免费向所有有需求的人赠送。

在整个流程体系中可以嵌入不同行业的专家，但这些专业人士只作为一些特定环节中的特定点位而存在，例如图书角项目中作为书目选择者的专家，或者是在先心病手术中作为手术操作者的外科医生等。从个人的角度讲他们是一位专家，而从整个流程体系中看，他们则近乎一个特定的流程点位。正是因为有了这样一些点位，整个流程体系才更加完善并且能够解决高端专业化的问题。

其实，流程化公共服务更常见的场所是乡镇或街道里的一站式公共服务大厅，在这一场所，服务对象可以通过一套简明的流程，在同样一个地点就完成某一项服务的完整过程：从信息咨询到排队办理再到不满意时该如何反馈等，都可以在这里实现。一站式服务不仅将同样一套服务放置到一个特定的地点中，而且使整个办事流程越来越规范化和简约化，它表现了政府所从事的公共服务越来越简明高效的时代趋势，从中能够看出流程化的追求，意味着公共服务整体效率的提升，以及标准化程度的提高。

二 第二层级是公共服务提供方式的理想形式

在做乡镇或街道层面公共服务提供方式的调查中我们发现，当下公共服务提供中的一个重大进步就是将更多的服务内容纳入流程化的体系中。随着流程化服务的体系越来越完善，一种肉眼可见的公共服务效率的提升与规范化的改善正在发生。流程化的体系可以降低不确定性，减少随意和杂乱无章，可以随时发现问题并放在一个体系中加以解决；还可以把诸多的环节、诸多的动作放到同一个体系中加以对照，而压缩任何一个人、任何一个环节的空间；它还可以将更多的资源、更多的信息放到同一个平台上系统化地操作，从而将实现目标的所有潜力一并挖掘出来，呈现到同一个运作平台上。

流程化可以发生在现实的场所，也可以发生在互联网的虚拟空间中，后者具有更大的整合资源信息与动作的潜力。并且，它在政府层面上的操作具有更大的用武之地，这是因为政府职能部门的本质职能就是提供公共服务，它们系统化地掌控着某一体系性目标的实现工作。所以，虽然这已经超出了社会公益的概念范畴，但我们仍然更愿意以此为例来表现第二层级流程化公共服务的极致情形。

以四川省达州市达川区社会救助大平台的建构为例来说明，该平台的最大特征就是利用互联网平台，在达川区将分散在民政、残联、扶贫开发、工会等 14 个相关部门的救助职能汇总到一个统一的平台；将来自审批与信息核证的一共 27 个部门的相关信息，只要不涉及保密，都汇总到帮扶中心；将救助标准与救助条件固定，根绝审批中的人为性与特权土壤；使用信息编码转化社会救助的流程表，从而可以在互联网技术平台上实现自动化。结果，救助申请人能够最直接、最低成本地进入流程，获得救助。

可以做出这样一种假设：所有类别的公共服务，其终极形式都是流程化公共服务。它们的初级阶段可以包括探索阶段、项目模式的形成过程、人才的成长过程、专家的引入、资源的整合等，但是到了最后，这样一些资源、动作、专业都可以进入统一的标准化体系，以最有效率的方式实现目标。比如医疗专家可以进入流程化的医疗服务体系中，解决儿童的先心病问题；政府的审批特权也可以进入社会救助大平台这样一种互联网平台，消除公职人员个人所拥有的特权，进入基于信息的核证而自动运作的体系之中。

既然我们当下是在讨论第二层级，最好的思路就是将第二层级作为所有公共服务的极致形式，然后看一下它可以发展到怎样的潜力地带，还有怎样的潜力可挖，它能达到怎样的高效率和标准化的水平。但与此同时，也必须提醒这样做的危险所在：在全部公共服务提供的五个层级中这仅仅是第二层级，向上还有第三、第四层级，在那里，公共服务的本质特征其实是制约它们走向完全的标准化流程体系的。一旦将高端的公共服务也完全流程化运作，就相当于将它们降解到更低一个层级，失去了高端层级所特有的精髓内容。

三　第二层级的节点问题

第二层级包含各种类别的项目，它们的共同特点是可以流程化地实现目标，但每一类项目都有自己特有的节点问题。

1. 以爱佑童心项目为例

表面上看，这是一套标准化流程，但其中蕴含着诸多的节点问题及其解决方案。其中内行的人会问的节点问题如下。

● 你们筛选贫困孩子的标准是什么，是如何实操出来的？之所以问这一问题是因为在现实中选择特定贫困线以下的孩子进行帮助是一个理论上的常识，在实操中却遇到诸多的难题，尤其是在大规模操作时，到底哪些孩子属于帮助的范围并不容易鉴别。如果仅仅局限在建档立卡贫困户这一群体范围内，鉴别容易但范围太少；如果开放到所有贫困地区的孩子又存在边界不清、公益性下降等诸多问题。如果用村委会、居委会所开的证明来表示他们属于当地的贫困群体，那又会产生诸多的人情关系、请客送礼等连带问题。

• 在医院里对这些孩子进行治疗，如何避免医患关系方面的冲突？当下医患关系紧张，它可能发生在各个医疗场所，公益帮助中的治疗也难免。并且，由于公益行为是主动帮助性行为，一旦出现医疗问题，责任由谁担负的话题更为敏感。

• 如何保障救助的水平和实际效果？爱佑童心项目最重要的目标是患儿治愈、恢复健康，因而手术治疗及效果是最关键的一环，但这项工作公益组织自身无法承担，必须与医院进行合作。但会不会有一些医院不具有治疗条件也参与救助，或者是在救助过程中偷工减料，或者是出现将慈善救助的患儿拿来练手的情况？做一项公益事业，这些方面的问题都需要考虑和解决，并体现在流程中。

• 如何防止医疗过程中的过度医疗现象，这其实是指过度检查、过度用药或故意用更高价位的药品器械等，因为这样一些问题在日常的医疗行为中很常见，所以公益组织来做这一项目也面临这些问题。

• 整体上，如何实现流程的高效运转？爱佑童心项目涉及项目团队、基金会内部的其他部门与层级、全国各地区将近60家的定点医院等多个主体，且每年救助六七千名患儿，救助量大。依据流程与要求，每一方所涉及的工作和完成的任务都较多，且地域上分布广，如何使一幅"纸上的流程图"不会在中途卡壳、停滞，如同一条项目运作流水线一样真正运转起来？这里的答案是：还需要一种技术支撑——沟通协同机制。为了实现流程的高效运转，爱佑基金会研发了一个平台系统，童心项目的诸多运作、沟通与协调工作都通过这一平台系统完成。所有的定点医院都有一个独立的登录账号，除了结算过程需要向基金会寄送纸质版材料，其他所有的动作均是电子化的，通过平台系统完成。项目组通过平台系统进行内部的审批流程，也通过这一系统及时对各定点医院所提出的申请进行批复、反馈与监测。

当所有这些节点问题都得到解答时，一个流程化的公共服务便显示出它的至高水平；反之，如果整个流程设计在表面上规范精细，但其实没有包含节点问题的答案，那么这便是一个劣质的流程。

2. 流程中每一个动作都有用意

一套标准规范的流程并不是随意设计而来的，其中每一个环节的设计都是有用意的。总体来说，这些动作流程就是为了包含节点问题的答案，然后，这些答案又具体分配到每一个动作上。结果是，每一个动作都有用意，都是对于解决某一特定节点问题的独特贡献。

操作者可以知道这里的用意是什么，也可以不知道，而只是操作即可。但一个学习者需要知道如此设计的目的。

3. 在互联网上运作的流程也包含节点问题

即便是大厅里的一站式服务或者是体现在互联网平台上的流程化体系，即便这一体系用肉眼已经无法看到，并且以常人难以想象的速度在运转，它也是对于节点问题的某种回答。以达川区社会救助大平台为例，这样一套由计算机来完成的电子流程包含着全部节点问题的答案。

● 一个救助对象进来申请，如何保证在他们提供最基本的个人信息之后，就可以自动完成后续工作？包括让申请人的全部信息呈现出来，从而判别他是否有资格获得救助；还包括判断该申请人还可能会获得怎样的他没想到的救助。

● 人们申请救助是有不同原因的，有一种原因是发生了自然灾害，甚至在灾难中失去了亲人。在这种情况下，人们很难按照常规做法拿着自己的证件跑到乡镇来申请。于是，一个问题就是：是否做到了申请的端口会随着救助类型的不同而有差异？比如有的落在村级，有的落在乡镇级；有的是等待你上门求助，有的是主动到你家中来帮助你。

● 还有一个节点问题十分重要：在整个运转流程中，政府的不同部门，比如财政部门与民政部门等，他们在体系中呈现为不同的功能，于是就需要有功能上的对接。在对接的环节又有相互合作、相互监督、相互制约等多种关系。问题是，这些关系是否已经都考虑进来并且以一种合理的方式设置进流程之中？

● 在申请、审批、资金到位等各个环节都有时间上限，如何保证这一时间段的范围是一种恰当合理的设置？

● 最后还有一个节点问题同样不可忽视：如何让整个流程的运转是透明的，是接受公众监督的，尤其是接受受助人监督的？至少让他们知道自己申请办理的事情已经进展到哪一个阶段，救助资金是否已经到了自己的卡上；此外，在到达自己卡上之后，还要以最快的方式通知到当事人，使之知情。

将这一系列的节点问题都考虑进来之后，流程才能达到最佳。所以流程是对全部节点问题解决方案的一种综合呈现，在某个或某些节点问题并没有纳入流程之中从而让运作过程中的问题发作时，需要随时加以改进，让新的流程产生出来。

4. 有更多的项目类型属于第二层级的范围

前述紧急救援项目也可以落到第二层级上，成为流程化公共服务。该项目中节点问题众多，但每一个节点问题的解决都可以转化为特定的动作或制度安排，它们严丝合缝地拼接起来，以最短的路径通向终极目标，就可以构成一个流程化的公共服务体系。紧急救援的核心支柱之一也是资金与物资的递送，其中包含了第一层级的东西，因此第一层级的节点问题及其解决方案要在这里被包含进来。

评奖类项目也可以放在这里加以分析。评奖类项目有两个核心问题，其中一个是公正性如何保证。该节点问题内部又分为诸多的二级甚至三级节点问题，通过他们保障评奖的各个环节都没有漏洞。这些环节的设计都可以通过制度来完成，这些制度的总和则构成流程化公共服务。在此过程中整个标准化的流程体系所递送的内容不是钱和物而是公正性，其中每一个运作环节都要防止出现漏洞，避免一些破坏性的因素无孔不入地渗透进来。

一旦公正性得以保证，那么随着流程的进行，最终的那些合格的获奖者或获得资助者将会浮出水面，这正是我们要选择的那些成分。打一个可能不太恰当但非常形象的比方，用渔网捕鱼，整个渔网没有漏洞，于是渔网下去那些网孔能罩得住的鱼就会被打捞上来，如果渔网存在漏洞，则会让一些鱼漏掉，如果网孔大小不一则又会让一些过小的鱼被捕捞上来。

四　思考项目的两种方式

借助前面所说的图书角项目，可以做一个微型的社会实验。我们跟第一拨人这样介绍该项目：它是为贫困地区学校的孩子们送图书的，送书者将整个过程做得非常精细，从图书的选择、图书的递送到图书的接收等一共有 65 个步骤，每一步都有明确的用意，也都有标准化的规定。

问这里的听众：你怎样看待这个项目？结果是，大家对项目的专业性有一种肃然起敬的感觉，并且希望项目运作方出一份指导手册，自己的机构也愿意照单全收，努力学习和仿效。问这里的听众：你们自己有信心设计出同样的项目吗？答案是摇头。现实中还发生过这样一件事情：政府主管评估的两位部门领导到该机构现场去交流，在听到他们将项目做得如此精细之后，也产生了同样的感受，他们由衷地赞叹，并且希望更多的机构来到这里参观学习。而其实，关于为什么项目流程是这样子的，他们却并没有想过。

接下来从另一种视角来介绍同样的项目，向第二拨人介绍，说有一个图书角项目，要向贫困山区的孩子递送图书。但从书单的确定到图书递送到手都需要解决一组节点问题，只有这几个节点问题得到成功的解决，这一项目才是一个好的项目。第一个节点问题是，如何让你送的图书的书目符合读者（比如他们是小学三年级的学生）的年龄，从而起到最佳效果？对该问题的回答是：在现有条件下，寻找那些对于孩子该阅读什么书目最有发言权的人，形成一个专家小组讨论确定书单，这就是所谓的专家法。所聘请来的专家分别来自教育学领域、儿童文艺工作者、著名的作者以及出版工作者。在经过他们充分讨论之后所形成的书目就是我们最终所确认的书目。

第二个节点问题是，你所购买的书目如何在保证不是盗版的情况下做到价位最低？之所以提出这个问题，是因为如果仅仅考虑印刷工本，那么一本书的价格是明显低于它的定价的。或者，如果买盗版书，实际上可以少花很多钱，但买盗版书又违背了基本的法律规定与道德精神，而买非盗版的书通常打的折扣并不高。于是就需要经过谈判、寻找一些特殊的通道，做到既能保证书的原版性又能保证它的低价位。

第三个节点问题是，书的邮寄过程如何保证快速便捷且有保障。这些问题一旦解决就可以保证特定的书目快速地从源头递送到目标地，并且可以给捐赠人一个有效的反馈。

　　或许还有更多的节点问题，一旦将它们全部回答并纳入项目运作流程中，那么该流程便可以越来越完美，也可以越来越细化，最终以一种高效精细顺畅的方式实现预期的目标。在这个视角下，我们只交代节点问题而并不交代 65 步都是什么，然后问听众：如果基于这些知识让你自己去设计一个图书角项目的运作流程，你觉得难度大吗？回答是不大。这就出现了与第一种情形相反的结果。实际上，在这种情形下，人们已经可以颇有信心地掌握项目的精髓，然后依据自己的创造力来重新设计项目，整个流程可以是 65 步，也可以是 35 步、75 步等。外在的形式可以与既有的项目运作一样，也可以稍有差异。这一切都不重要，重要的是他们都能解决该项目中所蕴含的那些节点问题，然后成功地将图书递送到目标人群手中。

　　通过以上对比可以得出结论：看待同样一个项目可以有两种视角，一种是纯粹的标准化、流程化的视角，另一种则是节点问题的视角。显然在前一种视角下，人们更容易上手，却更不容易真实地把握项目，而后一种正好相反。

　　一种特别值得提及的管理学思路，正是基于后一种情形而设计出来的。这种管理学思路要求管理者掌握特定项目的本质要求，理解它的全部节点问题及其解决方案，然后在现场创造性地设计解决问题的流程。因此它既要求管理者具有特定的能力，又给了它特定的自主性空间。

　　关于图书角项目 65 步精细法还有后续故事：该项目团队在创新出一套选择与递送图书的标准流程之后，在把自己的工作做到精细而卓越的水平之后，开始产生了职业倦怠感。我们并不难理解这种情况，一旦人们进入一种标准化的机器运作之中，你只是其中的一个环节，你慢慢忘记了为什么需要这样做、这样做的技术含义是什么、你所起到的独特作用是什么，职业倦怠感就会出现。这提醒我们，两种不同的视角，两种不同的管理学思路，其实也对应着两种不同的员工激励路径。

五　第二层级的三个要点

1. 流程化的条件

任何成分要想流程化，就必须将其中的节点问题及其答案全部搞清，只有这样才适合流程化。当下许多机构都在追求流程化，但如果连自己的战略目标都没有确定的话，流程化只会毁掉机构的运作。看一下企业家在这方面的示范作用：首先是创新创业阶段，怀抱着要做领域第一的雄心壮志，吸纳一切可以吸纳的优秀做法，快速成长；其次是成熟稳定阶段，在这时才可以考虑流程化的问题。

2. 进入企业家的特长范围，可以由企业进行经营运作

公共服务到了流程化阶段，完全可以交给企业家进行运作，这里已经失去了公共服务的核心特征。例如，政府的一站式大厅，或者互联网平台上的系统化运作，都可以甚至最好交给企业性质的机构来管理运作。由此，它们实质上已经不再是典型的公共服务，完全可以摆脱由政府操作的要求。政府只需要负责对运作单位进行监管即可。

3. 流程化有一个上限

高端公共服务进入流程化之后，可以进入更高效运作的阶段；但并不是所有的工作都可以流程化，即便其中的节点问题

及其答案都已经清楚。所以，有一些成分最终也会无法彻底流程化，而"永久性"地停留于后面所述的第三、第四层级。一个项目完全可以形成以流程化为"托底"，以非流程化内容为承载物的镶嵌状结构。

第四节　第三层级及其节点问题

从第三层级开始，公共服务的类别上了一个层级，而对其呈现也增加了挑战性。以下先呈现第三层级的两个典型案例，在案例呈现完之后再逐步展开分析。

一　第三层级案例分析

1. 流浪儿童社会服务分析

1.1　流动儿童救助的困境和难题

2003 年中国取消了流浪人员的收容管理条例，之后街头的流浪儿童开始增多。但社会中从来不缺少善良的人，他们希望政府有更多的作为，解决流浪儿童有家难归的问题。但问题是，流浪儿童并不都是遭人胁迫而无法脱身的孩子，甚至诸多调查数据显示，更多的流浪儿童并不是被人胁迫或被动流浪的，相反，在现有的条件下他们将流浪作为自己的自由选择。

结果是，一旦将这些孩子"救助"到流浪儿童救助中心，就会出现更多的问题。例如，孩子们有抵触情绪，他们破坏公物甚至威胁要自杀，为此救助中心经常是铁门封锁、摄像头24小时监控。就是在我们的身边，一位学习儿童福利课程的学生，在去流浪儿童救助中心参访之后，甚至产生了心灰意冷的感觉，她说："孩子怎么能被如此对待呢?"但她所不知道的是，一旦打开了大门，放松了监管，就会有孩子丢失，他们会跑回街头，重归自由流浪的老路。

人们相信，给予流浪儿童足够多的关怀和教育，就可以将他们引导到健康发展的轨道上来。这位志愿者就是这样认为的，她到流浪儿童救助中心找到一个孩子，苦口婆心地跟他交谈。谈完之后，她还递给孩子二百块钱，让他用于此后的生活。但接下来的一幕让人们大跌眼镜：救助中心的工作人员过来跟这位志愿者进行复盘，给她讲这名流浪儿童是如何以"演戏"的方式来跟她展开对话的。对话过程中所有的用意都在于尽快将对话顺利完成，然后拿到她给自己的资助。而之所以会出现这样的情形，其原因就在于，跟孩子进行对话的人已经不止一位了，孩子已经学会了一套应对外界"帮助"的最佳策略，他们要的是钱，而不是道理，甚至也不是温暖。

按照社工的理论，服务流浪儿童有一套自己的工作模式，在他们看来，帮助流浪儿童最有效的办法之一是将他们聚集起来，开展丰富多样的小组活动；然后逐渐插入文化课的学习和技能教育内容。并不否认这样的做法在有些场所会很有效，但我们也的确遇到另外一些孩子并不"买账"的情形。实际上，在他们内心中已经固化了的想法就是要逃离出去，要自由自在地追求自己的流浪生活。

于是流浪儿童被从街上"救助"回来进入救助中心，再送回他的家里，然后又再次流浪，这样一种不断循环的局面导致一些孩子"流浪成性"。流浪儿童自己选择的生命轨迹，与我们认为其应该选择的轨迹并不吻合。

有鉴于这种局面，一种声音认为应该尊重儿童自己的选择：“为什么非要他们沿着你认为是对的路子前行呢？”另外一种反驳也同样有力量：将孩子们引入健康发展的轨迹是保障他们权益的底线。两种观点间的论战可以从学生的课堂上开始，延伸到整个社会中。更为有趣的是，两种观点都认为自己是在保障孩子的权利，他们都在使用权利的话语，其观点却是明显冲突的。

1.2　节点问题的视角

从上文所述可以发现，当我们试图帮助流浪儿童的时候，遭遇到了无处下手的难题，结果是“他们不听我们的”。使用硬的手法无济于事，因为你救助回来，甚至把他们送回家里，他们又会重新跑出来；你苦口婆心地教育他们，他们也并不真正往心里去，以至于我们看到了一种“软硬不吃、油盐不进”的局面。

社会工作的手法虽然看起来比较理想，在这里孩子们有吃有穿，有学习有活动，兴趣的施展与成长的获得都同时得到了满足，但其实仍然未能解决起点处的问题，即如何叫孩子进入这样一个理想的场所接受你所提供的服务。使用项目模式的话语，这里便是遇到了这样一个核心性节点问题：你提供服务但对方不要，这时该怎么办？回答不了这一问题，那么后续的一切设想都将落空。

有趣的是，当把这一节点问题抛给一家又一家的流浪儿童救助中心时，它们并没有一个明确的答案，即便是公益组织或社工机构，也很容易在这一问题上陷落进去、无法自拔。的确如此，我们通常只会想到对方有需求时加以提供，通过提供最好的服务实现目标，却很难去设想，你主动给他东西并且给的是好东西，他却不要。

1.3 一个颇具启发性的做法

这是一个多年前的故事，主人公同样是一位流浪儿童救助中心的负责人，他真心想解决流浪儿童该如何救助的问题。在课堂上他问到一个关于流浪儿童的核心问题："流浪儿童不听你的该怎么办？"接下来便开始了如下一段对话。

答：用权威替代权力。

问：什么是权威？什么是权力？

答：权力是不管对方是否愿意，他都必须服从；而权威则是，让对方愿意服从你的那样一种能力。

问：可是对方不愿意服从任何人，他们心中没有权威。

答：不会的。任何人心中都有自己的权威。

问：我知道了。

一个多月后，他从自己所负责的流浪儿童救助中心回来，重新回到课堂上。他说："我解决问题了！"的确，就是短短一个多月的时间，他让自己的机构发生了翻天覆地的变化：孩子们开始听他的了。他是怎样做到这一点的呢？过程简短地描述则是，他把十几个流浪儿童从大都市带回到自己的中心。在此后的三个昼夜里，他白天带领孩子们游山玩水、逛公园做游戏，晚上与孩子们睡在一起，一连三个 24 小时，孩子们彻底服他了。在孩子的心目中，他甚至就是自己的"带头大哥"。到了这一阶段，他开始对孩子们有影响力了。

他对孩子们说："你们觉得我这个职业怎么样？"孩子们说出了自己的心里话："非常好，有社会身份，有稳定的收入。"又问孩子们："你们知道我是怎样走到今天这一步的吗?"答:"不知道。"于是他告诉孩子们:"我是通过学习而成功的,咱们也开始学习怎么样?"就这样,他带着孩子们开始了每天两个小时的学习时间。

1.4　之后获得了什么

孩子们的成长动机一旦被激活,那么接下来的事情就会是一连串的精彩。其中包括孩子们上文化课、开展技能培训、参加兴趣爱好班、到野外去郊游拉练,还包括孩子们做志愿服务并开始学会认识外部的世界以及承担社会责任。

需加以说明的是,通常流浪儿童救助中心是没有办法也没有时间长期开展这些活动的,而这里的情形是接受了一项公益资助,他们将自己已经形成的活动模式更大规模地拓展开来,所以才有了如上这些活动内容。如今这样一种创新性的活动已经过去十年左右的时间了,这一批孩子已经长大成人并走上了健康的就业轨迹,其中还有两个孩子在家乡千里之外的北京分别从事 IT 行业和幼儿园老师工作。

2. 养老服务分析

2.1　养老服务的质量靠的是什么?

养老服务很重要,是当下社会急迫需求的内容。但不同的人会将养老服务做成不同的内容。有些人完全可以将养老服务做成第二层级的模式。在我们参观一家典范养老院的过程中,对方给我们展现出来的大多是标准、精细、流程化的服务环节,仅举几个场景为例。

一进入养老院的大门,首先是体温测量,从而及早发现感冒病毒的疑似携带者。接下来穿上鞋套走入病房。其中最有特色的是房内设施:首先是老年人的床铺,其四周设有栏杆,服务人员告诉我们这既能防止老年人滚落床下,又能在老年人要坐起来时，方便手扶助力；其次是洗浴间，地面采用特定的标准防止老年人滑倒，房间的设置与淋浴的喷头都有自己独特的讲究，显示出设计背后的特定用意。

从病房走出来进入临时观察室，服务人员告诉我们，老人住院出来之后要在这里过渡一下，看是否已彻底恢复好，以免病情复发或传染别人。进入老人集体休息室，有一个高腿椅子，服务人员让我们坐上去体验感觉。这个椅子的设计有两个特点，第一是椅子的座面是倾斜的，因而从椅子上站立起来相对省力；第二是两旁的扶手较高，可以辅助站立。而坐落在地面的电梯也有与众不同之处，它是两面开门，因而可以更方便地出入，同时也将电梯两侧的空间连通。

这些设计都有自己的讲究，有标准化的依据，沿着这个思路，还有一套更系统的标准体系，即民政部 2017 年发布的《养老机构服务质量基本规范》[①]。然而，有了这些规范标准就能够保障老人们获得高质量的养老服务吗？

2.2 养老服务的核心环节：护工

在整个养老院的运作体系中，护工直接面对老人，护工的工作状态，是养老服务质量的最直接决定者。但恰好护工的工作是养老院中一个十分脆弱的环节。其中的背景是，护工直接面对老人，他们不分昼夜、时刻准备着应答老年人的呼唤，事情琐碎而繁杂，消耗人的耐心。更重要的是，自己所服务的老年人会在相对可知的未来某天离开人世，让自己也遭受情感的打击。尽管这不是自己的亲人，但服务一段时间后也会产生感情，在老人离世时护工通常也会有情感上的撕裂感。于是，一家养老院服务质量到底如何，就可以通过他们对于这一问题

---

① http://www.yanglaocn.com/shtml/20180102/1514883178113579.html.

的不同回答来确定：您的养老院中，通过怎样的方式服务或者是管理护工，使之能够支撑起一个关键却通常很脆弱的服务环节？而这一问题实际上则是养老院社会服务运作的节点问题。

不同的养老院会寻找解决该节点问题的不同方法，其间也存在差异、各有优劣，从中显示出管理上的能力特色。通常会被不同的养老院采用的方法包括以下几点。

- "我们倡导员工孝道，要把老年人当作自己的父母一样看待。"
- "我们带动员工追求事业感，其中一些做法已经被媒体报道，因而投入其中的员工都会把它当作自己的事业。"
- "我们每周一的上午开一次由院长、管理层和护工全体参加的会议，会议上让大家吐槽，把负面情绪化解开来，通过这种方式来为护工减压和增能。"
- "遇到这种事谁也没有别的办法，当大家都不行的时候我要做最后一个坚强的人，所以，走路见面时，我跟大家相遇打招呼时都尽量保持一种乐观的状态，以此来影响大家。"
- 这是一位女企业家身份的管理者，一方面当我们问到这个问题时，她自己也当场流泪，但另一方面她在管理中又采取严格的管理手段，她说："我们采取严格的末位淘汰制，不行就淘汰，能坚持下来的员工我们都给予相对好的待遇。"

而在所有的做法中，令人印象最为深刻的则是一家致力于养老服务的基金会，在汶川地震之后，他们到地震灾区使用社会捐赠的钱开办了一家福利院，专门接纳半失能、半失智的老人。其中，一位由当地的农民身份转化过来的护工，最终升迁到了福利院副院长的职位。当谈到自己是如何解决这一问题的时候，她的回答具有十足的启发性。她说："我们机构的服务理念是，要发自内心地为服务对象服务，就好比我们生来就是为人服务的；服务得再多，都可能还有不足。"

当她以这种态度面对她的一位服务对象时，后者被深深地感动了，他就把她当作自己的亲闺女来看待，称呼她时一口一个"闺女"，叫她早早休息，别累着，在闲暇时又给她讲自己过去的经历。

来自他的这样一种亲切与信任，是对她服务投入的一种颇有价值的回报，她的内心被激活了。她感受到了服务的价值，感受到了为别人服务的内在魅力。她更坚定地投入进去，最终在她与他之间一种正向互馈的情感建构关系产生出来，服务便不再是一件纯粹耗人心力的事情。

后续发生的事情更能看出她所发生的改变：她回到家中开始以同样的方式对待自己的父母，而在此前这是不曾发生的。很多外人对她这种服务精神并不理解，甚至还有风言风语传出，而她则以更坚定的行动予以回应。她把自己的父母带到家门口，让他们安心地坐下来，给他们洗脚按摩。

显然，院长—管理层—护工—老人这样一个依次传递的服务链条，其背后所体现出来的理念内涵、用心程度才是养老服务的核心竞争力。而这种核心竞争力无法通过机械的标准化来实现，其第三层级的特征就显现出来。

2.3 安全与自由感如何平衡？

接下来，我们又可以提出一个节点问题：在养老服务中，如何在保障安全系数不降低的情况下，让老年人获得更大的自由度？提出这个问题的背景是，一些养老院为了减少风险的发生会限制老年人的活动。例如，在一家养老院里，公共活动空间不大，而养老院的大门外则非常热闹。一些老人希望能走出去看看，但养老院从来不让他们迈出门口一步；即使在院落里活动，也有诸多的限制。

老人们的自由感是影响主观幸福度的重要来源，一个自由的人也将是一个幸福的人，但自由又意味着风险增高。于是，一个新的节点问题出现。这是一个开放性的问题，但一旦在该问题上有了答案，那便意味着该养老院服务有着自身特殊的本事，从而能够实现这一自由与安全双赢的目标。

其中第一种答案可以是：通过硬件设施的改变来解决问题，例如更多的现代监控设备、更现代化的预警措施，还可以通过物理空间的打造来解决问题。这些举措也仅限于第二层级水平上的努力。而第三层级上的启示，则来自一个社工小组的努力。该小组的社工定期到某干休所为离退休的老干部服务，这些服务对象并不缺钱，也并不缺乏国家给予他们的福利待遇，因此他们的住宿条件、医疗服务设施水平都达到了十分优越的程度。但是最终，还是依靠这帮社工伙伴，他们才感受到了人间的温暖，以至于这些老人说道："一看到这些红背心（这就是社工的穿着），心中便泛起了一股温暖之情，我们已经离不开他们了。"

这些内心孤单的老年人在社工的拥簇下形成一个伙伴共同体，其中充满着人与人之间的信任，充满着一种集体行动的默契，同时还拥有以共同体为基础的秩序建构。这些力量都在保证风险不变的情况下提升老年人的活动自由度，或者可以说，在老年人的自由度达到较高值时仍然能够将风险降到较低的程度。

以上两个节点问题都是养老服务机构中的核心问题，对此不同的养老机构有不同的回答，但是，我们看到有些做法体现出一种追求卓越服务的理想目标，而这些做法真正体现了一家养老机构的优秀。

二 第三层级的节点问题及其解决方案

1. 出现了软性服务的成分

社会服务的核心是人为人提供服务，其中涉及两个人之间的互动。互动的成分包括陪伴与爱、用心与关注、接纳与尊重，诸如此类。这些软性成分形成了第二层级的质变性成分，它们无法通过流程化的规定来完成。

举一个有趣的案例片段：一家基金会将儿童先心病手术做成了一套标准化的流程体系，从某种角度上看这已经是公益项目的极致状态，但正是在这里可以产生新的突破。起因是，那些从边远农村走入大城市的儿童及其家长，从自己熟悉的社会关系网络中分离出来，在一个新的场所，独自面对未知的命运，这些都会让人产生某种脆弱感。这样一种心理上的无助也需要外界的力量给予帮助：他们需要陪伴，他们需要陪伴者给他们提供温暖和心理上的支持，以及帮助他们建立起临时性的社会关系网络。

对于助人者的要求则是，具有基础性的医疗知识，具有社工的基础能力，此外他们还需要"有心"和"用心"，而这些无法通过简单的流程化解决问题。在同样的流程之下，人们的实际表现、人们的温暖程度，都有可能不同。正是在这里，超出了通常的企业经营逻辑，而进入社会工作的范畴。

还是回到这家将先心病手术做到极致流程化的组织，当他们意识到上面还有一个社会服务的层级之后，他们就不再自己无所不包地解决问题了，而是将资金分离出一部分，用于支持那些在先心病病房中帮助患儿及其家属的社会服务机构，帮助他们做有温度的社会服务工作，并由先心病病房扩展到更多的医疗服务方面。一个位于第二层级之上的新层级由此产生。

2. 两个一般性节点问题

第三层级有其特有的节点问题，需要拥有解决问题的技术。先就前面呈现出的两个案例进行归纳分析。其中案例1表明，提供这样一类服务有一个核心的难点，这就是：你拥有资源，你愿意将资源提供给流浪儿童，一旦儿童接受这些资源与服务，他们将产生明确的改变，实现我们的目标；但难点在于，他们并不接受你的资源，简单地说就是你给，他不要。案例2则是另外一番情形，表现为：你给，他们要，但最终效果未必能尽如人意。通常我们拿出资源和人力，面对特定的群体提供服务，就是希望能够起到特定的作用，但社会服务的场所常常并不能满足服务者的这一意愿。

将上述两个问题归总到一起可以发现，社会服务领域两个典型的一般化难题是："你给，他不要"和"你给，他要，但未必有效"。通常的社会服务，除那种最简单的通过人员陪伴、聊天、跑腿等就可以解决问题的服务之外，其他都有一定的技术含量，其难点都落入上述两个一般化难题之中。

其中"你给，他不要"型的难题涉及面非常广，它们弥散在我们的整个生活体系之中，例如我们最常见到的对孩子的教育，每个家长最头疼的问题就是"你给，他不要"。当下我们并不缺乏教育资源，教育也的确是为孩子们好，但是要想让孩子真正接纳就成了最大的难题。当下在学校中这一难题更是猛烈地爆发出来，为此还产生严重的学生与学校、家庭与学校的冲突，以及所谓的教师体罚孩子现象。

而"你给，他要，但未必有效"的情形，则分布于多样化的社会服务之中，例如我们为抑郁症患者提供服务，最困难的就是如何有效。此外，陪伴老年人为的是让对方感到温暖，但陪伴能否达到这一效果呢？显然，不同的人做同一件事，其效果并不相同。

就上述两个一般化的节点问题，可以产生出一整套的解决问题的技术体系，这就是第三层级的实质性内涵。以下将对这些内容进行更为系统化的分析。

3. 解决问题的一套独特模式

这里又回到了项目模式的概念上。项目模式具体表现为专业性三要件，其切入点通常是节点问题，然后又通过模式设计和特定的技术来解决节点问题。因此，本章将致力于告诉大家第三层级上项目模式的表达方式、技术特征以及解决之后所产生的社会效果。

上一部分谈到，第三层级有两个一般性的问题，这两个问题在不同的社会服务中又可以落地展开为不同的具体情形，但大致来说节点问题都是围绕这两个核心点展开的。与第二层级相比，这里的节点问题类型更为聚焦，但相对来说解决问题的策略以及其中所包含的技术难度却不可低估，或许也正是在这里可以衍生出一套新型的技术体系甚至专业体系。从中可以发现"社会服务"这个概念并不是简单的出人出力出钱的事，而是在上述基础上还要拥有特定的能力。因而，同样一个项目模式的概念在第三层级则有其独特的表现，也有其独特的专业性色彩。

举例：一家社工服务机构使用政府购买服务的资金到社区为老年人服务，服务的内容是将老年人引出家门，形成活动小组，提升老年人的生活幸福程度。依据对方的呈现，项目的具体做法是：把老人们聚到一起，开展一些热闹的活动，活动内容包括生日宴、节日会，还可以是展示老年人的兴趣爱好、交流老人们关心的话题等。

该项目可以沿着特定的方向调整，如提高活动频率，增加每一次的活动人数；可以拉上横幅，或在汇报中增加各种体现热闹氛围的照片；还可以改变服务对象的构成，使之由一般性的老人转变为那些常年待在家中很少出来活动的人，最后瞄准那些高龄的甚至同时还是孤寡的或有特定困难的老人。

到此为止，该怎样判断这个项目呢？它是一个好项目吗？好在哪里呢？如果同时有几家组织在做，该如何比较各自的优劣呢？其中一种比较，可以依据项目是否依照预期计划按时完成，或者是服务的人数、频次是否达到了最初承诺的数量，还可以是投入资金量与所完成的服务对象的人次之比例，相应的资料档案是否规范、丰富，等等。

以下换成另外一种方式来考察。首先，项目背景是，服务对象通常是待在家里的老人，我们更愿意将他们带出来参加集体活动，使其从中感受到生活质量的提升。在活动开展前这些老人并没有意识到自己需要走出家门，他们认为自己待在家中有吃有住已经不错了。于是第一个节点问题就出现了：如何保证小组活动最终能够吸引老年人持续地走出家庭、参与活动呢？

这是一个重要的问题。此前，一位评估专家在评估一家社工机构时感慨说，父亲过世之后，母亲的情绪变得低落消沉，不愿与人交流，也不爱出来活动。作为儿女，对此很是着急，她通过各种努力，试图把母亲动员出家门，但都是以失败告终。该怎么办呢？我们就将同样的挑战性问题抛给这家社会组织：你们的活动凭什么能够让老年人稳定地走出家门？这种小组活动的吸引力来自哪里？

对方给出的答案之一是：活动一定要真诚而热闹，绝不能落入简单的形式化活动中。怎样才能做到这一点呢？首先，作为活动的组织者，就需要自己展示出对生活和生命的热爱之情。你把大家组织起来，让大家唱歌，当大家不唱时，你要带头唱；不但要唱，还要展示出你对生活的喜欢与对生命的热爱。

答案之二是，你邀请了诸多老人一起参与活动，其间，需要对每一个老人给予特定的关注，不能忽视和冷落任何一个人。甚至从进他的家门邀请开始，到活动结束后的道别，都要体现出这一点。

答案之三是，要知道每一个老年人有怎样的特长，要让老人在活动中把特长展示出来。或许这一特长在老人自己的心目中并不算什么，但社会服务工作者一定要学会用积极的视角来看待和用欣赏的心态来对待，并让每一个人感受到自己有闪光的价值点。

答案之四是，服务队伍中有一位从小在福利院中长大的社工，她充满着对爱的渴求，也将这份渴求转化为对老人的友好。于是，她表现得特别具有感召力，能展示出与人亲切热情和热爱生命的一面，老年人非常愿意跟她一起开展活动。

节点问题还可以继续追问，如：通常一个老年人在这样一种活动中，活动多少次能让他开始感受到外边具有吸引力，从而愿意参与进来？或者问：怎样频率的活动效果会更好？或者问：老年人之间会产生矛盾吗？如果产生，你们化解矛盾的技术是什么？对于所有这些问题都可以做出回答，回答得越清晰明确的机构，其服务的技术含量越高，所形成的项目模式也越精致细化和有深度。于是我们就可以把此类项目的项目模式简单地表达成这样一个公式：

小组活动的热闹程度＋小组内每一个人被关注①的程度＋活动频次的考虑＋活动规模的考虑＋……＝对于特定的老人产生了足够的吸引力，让他/她从愿意独自相处变成愿意加入

到了这一步，整个项目的活动目标、实现目标的技术手法或项目模式、项目模式的优劣判断等要素都清晰了，它与最初依据的表面形式、热闹以及准时、规范、超量等标准完全不同。因而就从节点问题入手，将对一个项目的认识梳理到一个有深度的层面上，项目的优劣判断便有了另外一套完全不同的标准，与最初形式化、浅层次化的判断完全不同。

4. 找出节点问题很重要

能找到节点问题就已经成功了一大半，有了问题意识才能够探索性地找到解决问题的答案，最终提升自己的专业能力。

4.1　幼儿发展领域里的节点问题举例

例如，幼儿园里孩子的发展，所存在的节点问题有：孩子入园时存在焦虑情绪该怎么办？只有关注到了这一节点问题，才有可能致力于寻找解决方案；解决方案找到了，幼儿服务的制度体系才能向高水平提升。有的幼儿园可能压根儿就不认为这是一个问题，这时，他们的服务水平就不会提升。

又如，在幼儿园里，理想的培养理念会和家长的期待产生某种差异，家长的期待未必一定正确。例如他们或许更期待孩子沿着应试教育的轨道获得更好的成绩，但这未必正确。如果二者之间存在分歧该怎么办？是向家长群体妥协吗？是影响家长群体让他们改变观点吗？如果是后者，那么我们怎样将这件事情做得更好？显然并不是每一个幼儿园都能很好地解决这些

---

① "关注"也可以替换为"友好""接纳""尊重"等。

问题。

再如，在孩子的早期发展中，尊重他们的个体尊严，让他们树立起自信心和胜任感是一件颇有价值的工作；但与此同时，还需要让他们形成对于他人、对于公共场所的敬畏之心，而并不是一味地以自我为中心。这是两件都很重要却并不在同一个方向上的事情，如何能同时满足二者？

如果落实到做事上，还有一个具有悖论性的目标：他们如何能够既获得成功感又获得耐挫力？这是两个表面看起来正好相反的教育结果，一种是在成功中培养自己的自信，另一种则要在失败中培养自己能坚持下来和挺过来的能力。自信和耐挫力这一对不在同一方向上的品质，如何能够统一起来落实到同一个孩子身上呢？显然这就考验到儿童早期教育的教学能力了，有的幼儿园可以解决其中的一点，有的可以解决另外一点，还有的两点都能解决，但是最坏的情形是其中的任何一点都无法解决。因此把节点问题呈现出来，看一下这里的特定教育机构的答案是什么，就可以判别出其质量的好坏，与此同时我们还可以借助那些做得好的、有解决方案的儿童教育机构的做法，总结出一套关于社会服务的理论体系来。

4.2 养老服务领域里的节点问题举例

同理，在为老服务机构也有很多的节点问题。其中一个无论如何也绕不开的问题就是：老年人正在一步一步走向生命的尽头，死亡是一个绕不开的话题，我们在面对老人本身、面对老人的家庭及面对我们内心中那份情感折磨时，该怎样回答死亡这个话题呢？生存与死亡涉及人的终极价值问题，因此在这里如果不借助宗教而借助人本身的认知梳理，又该如何解答这一问题呢？

4.3 需要勾勒每一类服务的理想模式

社会服务的一个完整模式是针对一类特定的人群提供一套系统化的服务，使他们能够解答出所有的节点问题，最终达到理想的目标。

每一类人都有一套适宜于他们的理想目标。例如残疾人的理想目标是从生理康复到心理康复，再到共同体建构，最终通过就业社交等方式融入社会。失独者的理想目标模式是走出家门建构小组活动体系，从温暖型共同体走向发展型共同体，经过特定时间的积累最终敢于面对生命的话题，将自己的孩子失去这一概念最终转化为自己与孩子曾经的生命建构这一新型话题，将失去转化为获得，将曾经有的生命的那段精彩用红绸布镶边放在我们心头最显著的位置上。

因而，社会服务至少在理论层面需要做到针对一类特定人群做系统化的勾勒，其中包括节点问题是什么、解决技术是什么，最终越过一个个节点问题，走向理想的彼岸。

客观地说，能够将节点问题准确、全面找到的组织并不多见，而能够有效解决节点问题的组织则更是凤毛麟角。这并不奇怪，当下社会服务与公共管理的职能才刚刚交给社会组织，社会组织也正处于专业化能力的形成期，它们正在探索的过程中，需要给其一段特定的时间，或许在未来数年的时间，社会服务机构的专业性会与当下有一个明显的差异。

三 与公共管理和社工的对话

社会服务在传统上由政府主导的公共管理/公共服务体系来提供，但在本书的分析中，这样一个视角上的服务提供是带有一个致命的缺陷的。当下社会工作专业/职业进入社会服务领域，并带来了一股全新的风潮。但它们也不是没有问题的。

本部分也与其进行最初期的对话。

1. 与公共管理的对话

1.1 社会服务是公共管理的内容

以下三种类型通常会被认为是具有公共管理色彩的服务内容。

首先，社会中有一类贫困群体，他们的付费能力相对低下，但我们又认为某些服务应当是普惠性的，不应当因为他们的付费能力不足而无法获得，因而就将这一类服务纳入公共服务的行列，通常是属于社会福利的范畴。

其次，在贫困人群之外，还存在更多的弱势群体，如残疾人、孤寡老人、流动人口、留守儿童等。他们对于社会服务有着较为强烈的需求，需要得到社会中的特殊帮助。他们的付费能力通常也不足，但满足需求的必要性很强，这是通过公共服务的方式帮助他们的理由。但除此之外，为他们提供服务还需要基于人心的要素，不适宜用市场化激励，因而，按照传统的价值判断来看，即便他们拥有部分付费能力，这些服务也不会轻易被推动到付费收费的轨道上。

最后，还有一类服务，它们是如此具有正外部性的价值，如此具有基础性、必要性，以至于即便不用服务对象自己付费，整个社会也愿意出资让他们获得服务的满足。义务教育就属于这种情形；人们的公共精神的培养也属于这种情形，这是一种具有很高正外部性的行为。

1.2 政府提供社会服务的方式

在传统上，服务的提供者要么是市场主体，要么是政府。社会服务被认为不适合用市场的方式加以提供，这些服务该由政府体系加以提供。

在中国，社会提供服务的任务落到了事业单位这一组织类型身上，事业单位提供社会服务的特点是自上而下的，例如养老院、教育机构、医疗服务机构等都是如此，其中服务单位的人事任命、服务人员费用与场所的提供等，甚至服务方案的制定与实施都是自上而下递送的。

自上而下的体制没给特定的服务层级或服务角色留下太多的空间，他们只需要遵循指令，对他们的考核在相当程度上不是依据他们对下一层级提供了什么及其效果，而是依据位于他们上部的那一层级的考核指标，通常是一些容易通过形式主义人为满足的指标。

最终造成了两个方面的后果：第一，服务又被简化为流程，而失去了人心这一软性的成分，于是整个服务从制度设计到服务流程等重新退回到第二层级的情形，实际上在政府提供社会服务的场所也从来不需要区分层级性，第二层级、第三层级在某种意义上都是同样一个概念；第二，节点问题被无视了，整个流程设计被认为是只要动作到位就可以解决问题，甚至整个服务流程的设计都是依据最终目标来倒推的，其结果是我们做了大量的有形无实的工作，甚至因此而导致服务质量严重下降、服务机构内部出现严重的形式主义，而其服务提供机构则又严重地官僚化。

1.3 社会组织提供社会服务的方式

当下，社会服务从由自上而下的科层体系来提供逐渐转化为由社会组织参与提供。在社会组织发育初期，人们通常更愿意用这样一种方式来解释社会组织的作用：社会组织力所能及地提供自己的资源，从而成为政府公共服务的补充。

但眼下来看，社会组织的作用远远不限于这一点，实际上，正是它们通过重新浮现人性，实质性地超越了科层体系，因而也将社会服务由第二层级真正提升到第三层级。在这里作为个体的人本身浮现出来，简单的流程化不再是我们追求的目标，能够将爱心、理念、人性体现出来，将软性服务技术体现出来，才是社会组织优势之所在。

2. 与社工的对话

社工专业的核心内容是为有特定需求的群体提供服务，从某种意义上说，它就是为满足第三层级的服务内容而出现的。又由于社工是一门独特的专业，并在大学里开设本科课程和研究生课程，因此，考虑第三层级，必定离不开与社工的对话。

2.1 社工专业的理念

如果像第二层级一样做第三层级的事情，就容易陷落到徒有形式没有结果的机械动作之中。但社工专业的人士基于爱与接纳的理念，提倡助人自助，其中体现出一个人内心深处为他人服务的内在坚守。于是，一个人有了如此这般做的内心，就不会仅有动作而没有实质，相反其理念优先、结果优先，所追求的是如何能起到实质性为他人服务的作用，因而在第三层级这个软性服务的层级，社工专业一定不会跌破底线、出现问题。

2.2 理念可以转化为专业性

内心中的理念可以一定程度地解决专业性的难题。前面的案例2中提到，在养老院里护工为老年人服务，一旦一个人抱有"我就是为他人服务的"这种内在理念，那么就可以产生护工与服务对象之间的特定互馈关系，启动他们之间的一个正向情感激励，从而解决了当下养老服务中的一个关键节点问题。

实际上在诸多的社会服务案例中，一个经验性的感受是，那些基于理念而行动的人，那些还没有被外在的形式主义捆住手脚的人，通常可以很好地解决问题，实现自己的目标，其根源或许就在于他们咬定目标，一心一意地加以解决。

2.3 社工的独特成分：链接资源—满足需求

社工针对特需群体所经常做的另外一件事情是，瞄准需求内容，在自己力所能及的范围内为他们链接资源，满足他们的需求。

在这条轨道上有两点令人印象深刻的做法。第一就是做需求调查，即确定目标群体的需求，从而能够有针对性地提供资源、满足需求，我们在诸多社工项目中通常会发现一个普遍的范式，就是项目初期的需求调研。第二则是链接资源、解决问题本身。社工的一个令人深刻的理念是，他们认为一个特定的服务对象都是嵌入在家庭、学校与社区之中的，因此就可以到这一服务对象所在的场所去链接资源、解决问题。

将这样一套复杂的供需模式放到一起就会发现，我们从一个人所在的家庭、学校或社区出发，为他们链接物质资源，或为他们改善人际关系做出努力，然后让一个人获得更多的帮助，于是他的特定需求就可以得到满足，社会工作因而就完成了一个从需求调研到需求满足的完整工作链条。

2.4 诸多的社会工作手法

社会工作的模式除了资源链接外，还有个案法、小组法、社区法等。第一，针对服务对象或其周围的群体进行一对一的沟通协调，这被称作个案法；第二，将特定的群体组织起来开展小组活动，这被称作小组法，其中也可以包含服务对象自身组成的小组，以便对他们的整体产生影响，以及通过他们的整体而对特定的个人产生影响；第三，社区法，即将一个人与其社区的整体环境链接起来。

2.5 与社工专业的对话

这里是本着善意和建设性来与社工进行对话的。近年来，社工专业的引入已经为社会服务领域带来了全新的面貌，整个社会受益匪浅。但即便如此，我们也要在专业的视角上进行批判性思考。

从社工视角来做社会服务工作，似乎跨越了第一、第二、第三这三个层级。其中，其资源链接与体力式陪伴，在相当程度上可以认为是第一层级的内容；而其严密而规范的行动方案则是典型的第二层级内容，其中工作流程的精细化程度堪称第二层级的典范；而其个案法、小组法及基于理念而颇具创新性的工作，则又是典型的第三层级内容。涉及三个层级有时也是一种优势，重要的是，需要考察其在第三层级是怎样工作的，这里最能考验技术含量。

在第三层级，我们面临不同类别的服务对象，如流浪儿童、老人、失独者等。其中每一类群体的服务模式都应该构建出一种理想情形：面对这一群体我们该解决怎样的问题，会遇到怎样的难度，需要经历怎样的路径，最终实现怎样的目标，等等。最终我们可以通过不同的行动方案的安排，承载着不同的技术特长，最终架构起一个从起点到最终理想目标的终点的完整路径。

简而言之，对于特定人群的理想帮助模式应该包含以下内容。第一，从它的起点到终点的完整路径勾勒；第二，这些路径上都包含怎样的节点问题；第三，路径上的行动方案如何能够保证解决这些节点问题。而在这整套的方案中可以包含小组法、个案法等手法。

不仅如此，这些手法还需要在不同的场所被打造成不同的形式，带有不同的参数，发挥不同的作用。这样才能为我们所用，正如同一味中药是好的，另一味也是好的，但正是它们的调和，才能产生奇效。

在社会服务工作探索的初期，我们允许人们基于理念抓住目标不放，通过不停探索最终形成自己的行动方案，但这时需要做的进一步的工作则是进行理想模式的勾勒，依据解决问题的实际方案制定出一套理论上的方案总结。

正是这一套理论上的总结可以将其移植到不同的场所，并依据另外一些场所的社会文化或人群特征而做有针对性的调整。眼下的社会服务工作并不是这样做的，它们通常会在自己已经解决了特定群体的服务问题之时，或自认为解决了之时，将自己的行动方案依据表面特征总结成行动套路。其最典型的形式则是第一步做什么、第二步做什么，而在具体细节上则是上午九点开始做什么、九点零五分做什么……这样一套形式化的行动方案则将第三层级的内容完全降格到了第二层级，由此失去的是：这样做的用意是什么，动作之间的组合是什么，从事这种动作的行动者需要秉承怎样的内心，以及这样的内心在什么条件下才能真正成活。

理念与行动都是可贵的，但最为可贵的还是项目模式，以及基于项目模式而最终建构出来的整体解决方案。那些将问题解决过程程式化或形式主义化的做法，则是这里所倡导做法的反面。

四　第三层级的专业技术体系

接下来，我们尝试粗略地勾勒出第三层级的整个专业运作体系及其核心专业手法。这也是我们认为区别于社工技术的一套专业技术体系。

1. 针对一个特定群体的完整解决方案

社会服务的最高境界应该是寻找到一个特定的群体类别，针对他们的需求打造一套服务体系，使他们最终脱离困境。

1.1 背景

失独者是指他们曾经有过自己的孩子但由于某种不幸的遭遇而最终失去，成为无儿无女的孤独父母。曾经的打击以及眼下生活中继续的折磨，导致他们出现诸多身心疾病。他们是整个社会中最需要外界帮助的人群之一，但通常即便是训练有素的社工，在进入帮助的轨道时也会面临诸多问题的挑战。以下从节点问题的视角进行分析，看我们怎样能够帮助到他们，以及怎样能完成理想化的目标。

1.2 节点问题1：如何敲开他们的家门进入他们的家中

要想陪伴失独者，就需要进入他们的家中，进而进入他们的心灵中。一个稍有悖论的现象是，这些失独者的最大需求就是需要找人陪伴并进行深入心灵深处的交流，但是一旦有人要过来陪伴，就会遇到如何进入家门的难题。失独者在一定程度上是自我封闭性的，该怎样解决这一节点问题呢？

许多公益组织或社会服务人士在实践中已经积累了一些经验，例如借助失独者自己的网上交流群而进入他们的社交圈子，然后再进入他们的家中；或者借助一些物质性的资源递送进入他们家中。无论如何，在这一过程中都要体现出温和的、"柔软的"和渐变性的行为特征。

1.3 节点问题2：如何将他们带出家门进入共同体的活动中

有了上述第一步，这一步或许并不是什么难事，但它是在时间维度上开展工作的一个必要环节，将他们带出来走入由同类人构成的小圈子之中，就可以让具有共同命运的人产生某种共鸣感，让每一个人逐渐有了一个归宿的群体，并接受这个群体对他的积极作用，而且一些更具特色的活动都需要以共同体为载体开展。

1.4　节点问题3：如何控制共同体的氛围

其实失独者走出家庭、走到一起，共同体会发挥重要的作用。如抱团取暖、相互支持，这就是一种重要的作用；找到自己的认同群体，在其中进行交流、生活，也能满足人们的一种基础性需求。但所有这一切，并不能保证共同体不会自动进行衍化，朝以下几个不利的方向发展。其一，共同体中人人抱怨，大家的负面情绪相互感染，最终一种消极的状态主导了共同体的氛围。其二，人们之间相互感染、相互抱团，却形成了一种群情激愤的状态，他们要找一个发泄口，而抗争则是一种经典的状态。甚至你作为共同体中的一名社工，你在为他们提供服务的同时，也会遭受他们愤怒的指责或攻击。其三，共同体内部有可能自然衍生出人与人之间的等级，其间也会有相互的欺负甚至小帮派现象。

该怎样避免上述不利现象呢？这正是对社会服务工作者所提出来的问题。或许以下几个方面的操作是必要的：其一，应当给这些失独者发泄和抱怨的空间，我们要学会倾听，学会接纳他们，在其负面情绪发泄完之后再进行积极性的引领；其二，要用自己正面的能量来影响共同体的氛围，使共同体呈现为一种正能量的状态。

1.5　节点问题4：如何确定不断向上的动态发展路径

可以借助共同体的多种作用潜力来进行。

第一，在将失独者纳入之后，便形成了一个最初的共同体。这时，共同体首先要具有的特色就是"柔软"，其中包含人性的温度，包含无条件的接纳。这样的共同体才能将这些身

心遭受重创的人纳入进来，使之不再遭受磕碰，并能敞开他们
受过伤的心灵。

第二，当这类温暖共同体起作用到一定程度之后，则可以
在其中增加一些人的发展性成分。如在内部开展各种文化体育
娱乐活动，或到外边开展志愿服务活动，或到自然郊外田野中
进行旅游徒步或生产劳动活动。

第三，在有条件的时候，甚至可以将共同体引导到更高的
层面上，即大家在一起合作进行某种具有事业感的目标追求，
其中包含对于经济目标的追求。一个共同体有了一个更长久更
高远的目标，有助于人们借助这一目标凝聚到一起，有更为长
久的希望，并在追求过程中让自我实现的成分得到更好的
落实。

1.6 节点问题5：如何直面他们曾经失去孩子的现实

失独老人内心深处有一个根本问题，即自己的确失去了孩
子。这一现实是非常残酷的，任何一个人在其能量达到一定高
度之前都很难引导他们正面面对。但仅从逻辑上看这一问题不
是没有解的："曾经失去"的另一个角度的解读则是"曾经拥
抱过"。从生命本身的价值上来看，我们与自己的孩子曾经生
活过一段时间，这段时间不管是几年还是十几年，都具有无比
珍贵的价值，尽管最终这段价值期结束了，尽管在结束的那一
刻我们经受了难以承受的痛苦，但在这一段价值期之内它是甜
蜜的和无比珍贵的。

对这些作为父母的人来说，如果不将这一段珍贵的价值重
新挖掘出来，加以包装收藏于自己的内心，那么便是对它最大
的亵渎，是对自己曾经的孩子的不尊重。

这是一种新的关于生命价值的认识，它从逻辑上告诉我
们，如果你曾经有过某种珍贵的甜蜜，那么就不至于陷落到眼

下这样一种无限悲伤和负面的情绪之中，其间有一条路径让你重新回到那种美好之中，把这样一份珍贵的情感像相片一样重新洗出来、镶上边，挂到自己生命的厅堂之中。

既然从逻辑上有这样一条改变命运的路径，我们就要在现实中寻找它的实现方法。其中既包含对于生命价值的重新梳理，又包含社会工作在其中首先将失独者带到一个能量高地上，让他们有能力来做这样一番梳理，然后在梳理过程中真正回忆起生命情感价值本来的味道。当然这个过程对于社会服务本身的能力提出了更高的要求，这也是事实。

2. 其中有三类作用主体

仅仅局限于上述的特定群体分析，就可以看到这一点。

2.1 服务者个人发挥作用

在社工服务中，服务者以其个人为主体，来针对特定的被服务者发挥作用，这就是社工中所说的"个案法"。有些时候，还可以是一个人针对多个被服务者同时发挥作用，其实质相当于对一个被服务者的多次"复制"，在这里仍然被认为是个人的作用。在本案例中则是社会服务工作者单独面对失独者，据此而产生各种陪伴或影响作用。前面的流浪儿童服务案例则更为典型，特定的个人在其中发挥了最为重要的作用。但其中也有说明，他的工作手法非常关键，重点也正是在这，而不是"个体"这种外在的形式。

当然，在其作为个人发挥作用时，他的个人人格参数也会在其中发挥决定性的作用。例如，在服务者为失独老人提供陪伴时，不同的人能提供的温暖度是不同的，"温暖度"在这里就是一个人的人格参数；或者，在我们带领孩子们（曾经的流浪儿童）学习知识时，我们说的话具有多大的分量，也受制于我们自己的人格参数。一个具有自我能量感的人，可以具有更高的权威度，能量感与权威度都是一个人的人格参数。

这些人格参数其实就相当于一个人的社会服务技术的决定者，正是它们决定着同样一份方案设计能起到多大的作用。当然，也正是在这里，可以奠定我们建构第三层级服务理论的基础。

在此可以得出一个结论：在社会服务的真正专业化体系中，个案法并不是专业理论的终结范式，而只是起点。沿着这个起点可以去追寻特定的人格参数，然后将它们放入发生服务关系的场所中，以此判断可能会产生什么效果，以及该效果的作用程度。

2.2　共同体对人起作用

共同体法就是让共同体开始对服务对象起作用，它具有单个的服务者所不具有的那些作用要素。可以让服务对象置身于另一个共同体中，还可以让他们自己构成共同体，然后每一个人置身于其中。一个人一旦置身于这里，就会接受这里的作用，产生个人状态或人格的改变。在形式上，这与社工的"小组法"很相似。

一个共同体对单独个人的作用蕴藏着无比巨大的潜力，如在上文提到的对于失独者的作用中，就包含着诸如抱团取暖、团队活动、共同目标追求等诸多效果，甚至可以依照服务对象的不同阶段，设计成不同的共同体类别，产生不同内容的具体作用。共同体可以是"柔软的"，从而适用于尚处于脆弱期的人；共同体也可以是活跃的，适用于发展期的人，这些差异都来自对于共同体的不同设计。

更简单地说，可以勾勒出共同体的一组参数，这一组参数决定共同体的实质性面貌，正是它决定处于其中的人所可以接受的作用类型与作用效果的程度。例如仅就类别来说，就可以问：这个共同体是抱团取暖型的吗？或者它是将大家卷入其中一起抗争型的吗？如此两种共同体都有它们各自不同的效果，但不论如何它们绝不是我们所能勾勒出来的最佳形式。

一种基于人格平等、接纳和相互尊重的共同体显然更具有想象中的魅力。在此基础上这个共同体还可以融入更多的发展性因素，例如一同去做志愿活动，一同去追求生计发展，或在内部开展文体娱乐活动等。当然还可以向坏的方向发展，一种典型的劣质共同体便是江湖模式，即便是由脆弱的群体组成的共同体也可能进入这种模式，其中所有的弱势群体待在一起，其间又有身份的分化，一部分人变成了统治或掌控别人的官僚阶层或霸道阶层，而另一部分人则在其中沦为弱者中的弱者。

共同体的氛围也受制于一些重要的参数，例如一个重要的维度是轻松对庄重或严肃，轻松即其中带有诸多的童趣性质的游戏成分，而严肃则更像是充满硬性的任务或具有官僚的氛围。第二个维度如随意对庄重或庄严，随意则使得共同体处于一种不庄重状态，其影响人的效果就会因此而大打折扣，其反面则可以是庄严。将上述两个维度放到一起考虑，可以产生一种既轻松又庄严的氛围，显然从字面意义上来理解，我们会喜欢这样一种共同体。

同样，一个质变性的结论因此出现：小组法并不是我们的最终范式，它只是起点，沿着这个起点我们去追寻特定的共同体参数，然后将它们放入发生服务关系的场所中，以此判断可能会产生什么效果。

2.3　个人和共同体结合起来对人起作用

特定的社会服务者可以打造或掌控一个特定的共同体，个人的人格参数影响到共同体的参数，最后二者一同朝向一个理想的影响模式发展，让其中的个人接受最有效、最有力的影响。可以简单地表述为：个人＋共同体＝影响被服务者。

之所以强调这种模式，根本原因在于，有些时候特定的个人会塑造出一个与众不同的共同体模式。这一个体的人格参数有许多出众之处，它可以通过将自己投放到一个共同体之中而影响或决定该共同体的参数。

3. 多种作用手法

上述三类作用主体都可以使用特定的作用手法，服务于特定的个人或群体。专业手法五花八门，但可以举出以下几种用于示意。

3.1 激活作用

激发对方的内在动机，让他们开始追求自己心中的目标。激活作用是如此重要，以至于几乎在所有场所，这种能力都是我们所需要的。即便是家庭中的孩子教育，也需要这种能力；而在学校或培训机构，其则是更为根本的能力。

3.2 陪伴作用

一些心理脆弱的人通常都会需要陪伴，我们可以陪他聊天、陪他购物，甚至还可以仅仅坐在那里做一种心灵上的陪伴，只要我们特定的人格参数足够可观，就一定会收到希望中的效果。

共同体也会起到类似于陪伴的作用，有些时候，你会看到一个人就愿意静静地待在一个温暖的共同体中，什么也不说，却感到惬意和安全。

3.3 增能作用

增能是社会服务中格外强调的一种作用手法，它是指通过特定的个人或共同体来给一个服务对象增加能量感，个人可以给另外一个人充分的肯定或者赞赏，挖掘出对方的特长，并用自己的人格予以接纳，这时就会产生明显的增能作用。

实际上，接纳对方本身就是一项重要的增能，因为这意味着将对方的人格在起点处予以认可，而不是处于一种负面的或悬空的状态，更不是处于一种自我否定、没有着落的状态。共同体具有更为典型的增能作用，让一个人加入共同体中，让他有归属感、参与感，这两个层面上的作用都是共同体的典型作用，即让对方获得了人格的价值感和能量感。

这又受制于共同体的参数，显然一个更庄重的共同体在其中的参与具有更明显的增能效果，一个发展型的共同体在其中的参与也会比一个抱团取暖的共同体的增能作用更大。

3.4 认知梳理作用

这是一种非常典型的作用。例如我们很难接受自己或身边的人最终走向死亡这一事实，但社会服务工作者可以与服务对象就生死问题进行一些认知上的梳理，让他们改变对于生命和死亡的认识，形成一套新的生存哲学。而这样一种新型的认知又可以放到一个群体文化中，大家抱有共同的看法，形成共同的氛围，从而让共同体继续影响其中的每一个个体。

还有更多的作用，无法在这里一一列举，关于作用手法的话题暂且谈到这里。

五 第三层级总结

经由前面的分析，第三层级的整体已经浮出水面，但需要对它进行整体把握，把其中两个核心特征凸显出来。

第一，它是软性成分，无法还原为像第二层级那样一种机械化的流程，不管这个流程多么严密细致都无助于问题的真正解决。人心在这里必须被"设计"进去，而它又是无形的，无法体现在外显的动作流程之中。第二，仅有人心通常也无法保证问题的解决，还需要以节点问题为先导，将一套理想化服务模式的提供与特定的解决问题的技术关联起来。

关于技术这一点还需要再展开，不同人群、不同服务内容对应着不同的节点问题，最后会追溯出不同的解决问题的技术，而所有的技术加总到一起或许会形成一个社会服务专业化体系的理想格局。关于这一点，不得不说，当下还没有一个成熟的"设计"。但经由不同组织的实践积累，领域内已经有初步的模糊的轮廓。在它得到严密的分析阐述或证明证实之前，这些轮廓只能算作一种猜测性的成分。

当下随着社会服务专业化提供模式的展开，这样一种技术理论体系也越来越清晰地被建构出来。但无论如何，一种积极性的建构是必不可少的工作。在用现代社会服务理论置换原来的公共管理理论之后，社会服务工作的完成路径就发生改变，它不再被想当然地认为，只要设置特定的事业单位体系、投入相应的资金人力且赋予其目标，就可以顺理成章地完成。

即便是社会工作专业，即便他们已经提出了要做专业化努力的目标设定，既有的社会工作也并没有将这样一套新型的社会服务框架完整地勾勒出来。仅仅依靠爱心、理念，依靠标准细致的服务流程的设置，依据个案法、小组法、社区法这种大概念的投放，还远远不足以解决问题，我们真正需要的是在各种不同的场所提供一种真正的能力，以便解决"给他，他不要"，或者"给他，他要，但未必有效"这样两个根本性的问题。

还可以通过一个比喻更形象地表达第三层级这样一种性质，如一位父亲，作为成功企业家的他未必能够对他的孩子进行最有效的教育，一个成功的企业管理者和一个成功的父亲需要的并不是同样一种能力。还可以将这个比喻更进一步，这是一位充满爱心的父亲，软性的精髓也并不缺乏，但他仍然可能无法知道怎样的孩子教育方式是最好的。

第五节 第四层级及其节点问题

进入第四层级，一个更令人期待的公共服务景观将由此展开。该层级将进入公共管理的核心地带，其所应对的难题主要是集体行动话题。在人们不希望被行政力量过度控制的情况下，本节将讨论，依靠社会组织这样一种更平等的非权力方式，如何实现集体目标。

以下首先呈现第四层级的典型案例，借此让人们更直观地走入第四层级的深处，从中看到第四层级的真实面目。

一 第四层级案例分析（一）

1. 案例：100 万元该怎样分配

1.1 一个原始的问题：100 万元如何分配？

在一个地震灾区，在灾后重建阶段，假设一个 100 人的村庄，政府拨付给他们 100 万元的灾后重建经费用于建房，问：怎样将 100 万元分配到 100 个人身上？

表面的答案是，一个人分得一万元，分配完毕。但其实这一答案无法解决问题，因为钱是用于建房子的，而每一个人都是在家庭之中，一个家庭一栋房子，如果每人一万元，那么最终那种家庭人口多的"大户"会感到庆幸，而那些家庭人口少的"小户"则会感到受挫。因为从他们的立场来看，应该每一家一栋房子，大户、小户都是如此，建房经费更应按户分，而不是按人分。

接下来呈现另一种分配方案：这 100 个人一共分布在 25 户之中，每户平均 4 个人，100 万元平均分到每一户，每户 4 万元。这样是否可行呢？答案同样不可行，这时那些"小户"会感到庆幸，而那些"大户"将感到不公平。按人分、按户分都无法解决问题，那该怎样办？

这是一件真实的事情。2008 年"5·12"地震发生之后，整个社会动员起来，包括一般公众、中央和地方政府，大家凝聚到一起，有一种共同的使命感，这时地方政府在公众心目中的声望大大提升。那时还有一个小小的说法，就是虽然我们遇到了自然方面的灾难，但是我们的社会更加凝聚了。但随着建房工作的开展，社会矛盾逐渐暴露出来，其根源就在于每一个人都觉得拿到的钱低于自己的期望值。每一家都觉得是自己吃了亏，因而一股普遍的不满情绪蔓延开来。

1.2 初步分析：集体行动的难题

公共资源在特定人群内进行分配的事情是典型的集体行动难题，在过去是由政府负责解决这一难题的，从而由政府投资、政府负责分配，政府也因此获得了"施恩惠之雨"的好名望。但在本案例中我们发现，当政府沿着这样一种思路运作时，却产生了问题。实质上的情形是，每一个人在其中都感受到了严重的不公正感，社会情绪被激发出来，地方政府在公众心目中的声望严重下降。

一开始，人们会认为这是分配标准出了问题，但实际上，采用任何标准都会出现问题，甚至可以稍加夸张地说：按照人分，小户不高兴；按照户分，大户不高兴；按照人户结合的方式分，很可能就是所有的人都不高兴。

实际上，100 万元怎么分配代表的是一种较为普遍的情形，它可以发生在很多场所。不管是在征地拆迁、工程移民还是灾后重建中，只要是政府为特定人群提供资金支持，都会产生资源分配上的难题，并可能由此引发矛盾或争端，甚至产生恶劣的社会影响。其实不仅农民如此，即使在高校中，围绕资源分配也经常产生群体间的利益冲突事件。例如职称评定或年底发奖金，都像是在平静的水面上投入一块儿大石头，而这块儿石头的分量，便是投放的资源量。

1.3　分配方案的形成过程

怎样才能将一件好事做好呢？为了回答这一问题，我们做了一个小小的社会实验：从地震重灾区的某村召集来 20 位左右的村民，大家利用一下午的时间在一个县城酒店的会议室，公开讨论灾后重建的话题。这些人有男有女，有现任的村干部，有老（原）支书，更多的是一般公众，平均年龄相对较大，因为年轻人多数在外面打工。

会议开始后给大家介绍了讨论用意，即在当下灾后重建阶段，大家怎么看待社会公众和政府之间的关系，怎么看待由中央、省、市和对口资源单位联合为灾民所捐赠的建房款项。讨论从开始到结束，形成了五个特色分明的阶段。

第一，沉默阶段。在这个阶段中大家都不说话，似乎都在担心"枪打出头鸟"。持续了一小段时间后，老支书开始发言了，他的发言体现了官方的思路，大致意思是，现在党和政府关心灾区公众，给了我们建房款，我们自己再凑一点就可以渡过难关……非常感谢党和国家的关心。接下来现任的一个村干部也做了发言，其发言的主色调与此类似，也与我们在媒体上和官方场合见到的发言大同小异。但他们的发言激起了其他村民的情绪，于是进入了会议的第二个阶段。

第二，群情激愤阶段。在两位发言人之后，其他村民开始情绪激动起来，他们用激昂的四川话表达着自己对于资金分配和使用不公正的感受。发言到热闹处，你一言我一语，整个屋子近乎失去秩序。但在嘈杂的话语中一个发言的内容令人印象深刻：我们村的某某某因为资金补偿不公正上访去了。

作为一个旁观者来描述这一阶段，我们完全可以将此形容为平静的水面下掩藏着巨大的社会不公正感，或者，整个公众被不公正地对待了。如果沿此氛围继续煽风点火，村民则可能深陷非理性之中，做出过激的举动。但在纷杂的抗争声音中仔细辨听，会发现有两种不同的抱怨倾向，一种认为资金分配不合理，原因在于对于"户"的因素考虑少了，而另一种则认为是对"人"的因素考虑少了。两种声音的观点正好相反，于是需要将它们拿到桌面上来公开讨论，以便澄清大家的认识。

第三，群众"互斗"阶段。首先是让人们从上一阶段的争论中平静下来，然后选出代表某一种观点的人发言，其中一个人代表的是"大户"的观点。他认为，这次资金的分配方案中，"人"的因素被考虑得少了。他的发言引起持另外一种观点的人的反击，于是两种观点就开始了对战。原来一同将矛头对准地方政府的公众，开始将矛头互相指向对方。

第四，沉默不语阶段。仍然延续上面的争论，但这时更有秩序。先让一种观点的人做限时发言，另一种观点的人听；之后反转过来。这样交换进行，让人们互相倾听，再就对方的观点展开反驳。其间不许"缠斗"，不许进行人身攻击。在一种观点呈现出来后，另一方很容易抓住其漏洞进行攻击，但是第一方接下来又进行辩护与反驳，如此交替进行，将观点不断向前推。

几个回合下来，双方都开始认识到对方的观点也有合理之处，自己的观点也有很多漏洞。一段时间之后，双方都趋于一种无可奈何的状态。但正是在这种状态下，每一方都不再坚定地认为自己的观点是唯一正确的，人们各自以无奈的悻悻之情，取代了原来的愤怒情绪。可以将这个阶段称作重新进入沉默阶段。

第五，参与决策阶段。这是一个微型的社会实验，也就到第四阶段。如果是一个真实的场景，那么就还要有第五阶段，即公众参与决策阶段。在公众参与决策的模式下需要有不同观点的人参与进来，相互协商。在本案例中就是人数多的户与人数少的户走到一起，就这个话题展开讨论。或许经过他们充分讨论之后得出的答案，和政府在实际中使用的方案完全一致，但这样一种途径下得出的答案则会让人心服口服，并且愿意遵从执行，这就是差距。

参与决策为什么会有此作用呢？答案其实很简单：人们学会了安静下来倾听不同利益方的观点，然后进行理性的对话；人们参与决策，就学会了站在更高的视角来思考问题，他们也会像老支书那样观察和分析问题。此外，最重要的一点或许是，他们会对自己做出的决策更负责任，因为当这个分配方案并不完美（例如100分满分而这里只能得79分）时，他们也知道这是他们自己的决定，怪不得别人。

2. 项目分析

2.1　公众参与决策的两个好处

读了上面的案例后，我们来设计关于100万元该怎样分配的方案。绝大多数人会直接进入第五阶段，即让相关利益方参与进来，让他们表达意见，同时让他们注意倾听别人的意见，然后双方在理性的基础上对话，最终找到一个大家都可以接纳的方案。

这样做有两个好处，第一，人们不仅站在自己的角度上考虑问题，还会听取别人的看法，站在对方立场来考虑问题，于是一个人就可以站在更客观的立场上，拥有更宽广的利益视野，他会对一种新型的方案有着更高程度的理解。或许在过去人们之所以感到不公正，原因正在于局限于自己的视角。从中还可以理解上面的案例中老支书与现任村干部为什么会得出那样一种相对标准的答案。尽管他们带有官僚化的口吻，但是其内容不可谓不恰当准确。随着参与的进行，或许更多的人能够在这一高度上思考问题。

第二，这样一套新型的分配方案是大家讨论出来的，人们在讨论中都做出了承诺，认可了这样一种方案。一旦做出承诺，他们便会愿意遵守，因为人们更愿意遵守他们自己承诺的规则。即便这种规则不够完善，有不合理之处，比如在总分100分中它只得了87分，但人们也能够给予理解，至少不会去怪别人，因为这87分的方案是他们自己讨论出来的。

正由于有了以上两个好处，所以即便是一种同样科学的分配方案，当它是由政府高高在上制定出来再投放到社会中的时候，一定会在实施中产生诸多的问题；甚至当政府制定的方案从专业的角度看已经足够科学（通常也容易做到这一点）时，它也不如社会公众自己参与制定的方案更加有效。

2.2 节点问题法的思考

即便有了一套第五阶段式的项目模式大方案，仍然不能保证它可以顺畅地实施，其中还有一些具体的节点问题需要提问和回答。第一，你让公众来参与就能确保他们来吗？在上述案例中我们做的是一个小型的社会实验，我们只是动员了20位村民，并且每一位给他们100元的劳务费，在真正的现实场所这样一种操作显然过于简陋并且不标准。第二，他们一旦参与进来，让他们理性地对话，这样一个看起来简单的小目标能够顺利地实现吗？在涉及切身利益时，大家会争吵得面红耳赤，会有人不服从于任何规则而坚决争取自身利益的最大化。

第三，分配方案中涉及许多细节问题甚至专业化的问题，比如不同地段建构的房屋该如何考虑，或者不同房屋破裂程度的情况该如何补偿，以及以户为单位和以人为单位以多大的比重或系数来组合等，都是难以达成一致的事情。

这些节点问题的解决都需要公益组织的项目官员具有独特的领导力、协调沟通能力，需要项目的模式设计做出更多的细化和优化，只有做到这些，我们才能将一种项目模式引导到相对成熟的阶段。

2.3　纯理念的视角及其问题

同样一套参与式解决问题的方案还可以从另外一个视角获得，这个视角把参与式作为一个近乎信条的理念来坚守，因此在他们的利益分配方案中自然就把参与设计到核心模块中。他们以参与为起点，以利益分配方案的达成为终点，在此过程中不断尝试、不断探讨，最终将自己的路子走通。其中参与本身甚至可以成为超越最终利益分配方案的首要目标，因为对参与的坚守，他们从起点上就避开了政府式分配方案的问题，追求关注参与、增能、承担责任的目标。

这样一个思路表面上看与我们的节点问题法很相似，但其实存在重大差异。依照节点问题法，在公众参与讨论过程中会遇到三个节点问题，分别是：（1）如何让人们参与进来；（2）如何让人们理性地讨论并倾听对方的观点；（3）如何引导人们快速走向一个恰当的、被普遍认可的分配方案，而不是在过程中徘徊迂回、遭受挫折。

但在把参与作为理念坚守的行动方案中，其中第一个、第二个节点问题都被认为可以通过人们的尝试而最终完成，只要我们坚守它，那么它便不再是一个节点问题，它其实是我们行动的起点。而至于第三个节点问题，则甚至会被一些人认为是错误的，他们不认为主导公众参与的项目官员可以把自己的观点强加给大家，去引导大家就某一解决方案达成一致；相反，应该充分尊重公众自己的讨论结果，哪怕这种方案不够恰当。

双方的分歧和争辩由此展开。按照我们的观点，在是否引导公众就解决方案达成一致这一问题上，有以下两点是必须加以强调的。第一，将人们引导到参与决策的路径上，这是一条崎岖的小路，公众能在我们的引导下走到哪里完全是未知数，其中的结果取决于在这条路上他们付出的艰辛与获得的收获之间的比例。尤其是在最初阶段，他们内心中并不像我们认为的那样看重参与，而是更看重参与带来的回报。于是，我们作为组织者，就需要知道这些最初尝试参与的人能够容忍几次讨论的失败，能够容忍最终的结果不完美到怎样的程度。第二，作为参与式讨论的主持人，我们将某种有关最终方案的信息推送给他们，完全可以不剥夺他们的责任主体地位。主持人对公众最好的激活和引导作用，将同时包含两个要素：一是并没有剥夺对方的责任主体地位，二是启发他们产生更有深度的、更合理恰当的思考。这就意味着，最具有能力的主持人实际上会在充分尊重参与式精髓的基础上，以最小的代价引导大家就分配方案达成一致。

其实，在社会实践的第一场所，已经有诸多有力的证据证明，纯粹把参与当作信条坚守的做法会出现多么大的问题。一位推动参与式发展的组织负责人这样对我们说：我们有一位员工在这里工作了五六年，他深信公众是可信任的，是沿着参与式脉络向前发展的。直到有一天，他在帐篷外听到帐篷内的老百姓所说的话。他"幡然醒悟"并变得绝望：原来公众只是通过参与来获取他们想要的利益。

还有一种是基于相反的假设来做参与式发展。有这样一家组织，他们也在引导公众参与进来解决问题，但他们的前提假设是：人性是坏的，而并不是好的。这样一种假设听起来非常悲观，与我们要实现的目标恰好相反。但其实，接下来在他们的案例中却可以看到真正的巧妙之处：将对方假设成坏的，才能将节点问题足够有深度地挖掘出来，制定出相应的解决方案，从而让操作模式更稳妥地引导人们实现理想的目标。其实就相当于从假设人是坏的开始，最终得出"人是好的"的结论。

2.4　小结

从上面的分析我们可以总结出利益分配方案的三种实现路径：第一是通过政府集权化的方式来制定；第二是依据节点问题法，通过理性与科学的方案设计来达成最终目标；第三则是基于一种对特定理念的坚守，在理念的驱动下探索路径以实现最终目标。

在政府集权化的方式中，没有节点问题的视角，只有纯技术类的专业化视角，因此就会将问题隐藏在最终结果中，这些被隐藏的问题包括：公众看问题的高度实际上是不足的，公众对于规则的承诺信用实际上也是不足的。最终在该方案落地实施时，问题就会爆发出来，那些被隐藏的问题最终也要爆发出来。

第三种方案就是我们在第一章中所说的目标倒推法，它先假设我们的理想目标是怎样的，然后把它落到现实中，用动作将路径铺满，然后推动目标的实现。而其实，在美好的假设下，各种问题同样被隐藏了起来，朝向目标的路径只是在形式上向前推进。

只有坚持节点问题式的思考方式，才会尊重现实中的问题，以专业化的手法应对它们。专业化的努力，因而也就成为与行政化的方案、理想化的理念模式相对应的第三种方案。三者之间的优劣比较已在上面得到呈现。

二　第四层级案例分析（二）

1. 案例：议事协商中的参与

1.1　议事协商中的节点问题

议事协商追求的是通过一种方式来化解多方利益主体之间的利益冲突，从而有效达成合作，实现利益共赢点。从政策层面看，这已经是当下追求社区治理的重要内容，尤其是在城市社区，至少已经在形式上轰轰烈烈地开展起来。但与其所展示出来的热闹程度相比，在如何实质性解决问题方面，却并没有一个令人信服的答案。

议事协商的标准流程描述起来并不难，如在一个社区内，可以向居民征集议题，然后，在社区党委的领导下，通过特定的程序选择某一议题进行讨论协商。在协商中，要有各方利益代表参与，需要遵循一个严格的程序公正过程，最终发现共赢点并制定行动方案。之后，就是让该方案得到执行。

理论上简单的事情，在现实中却并不简单，从让观众提供议题，到选取代表参与协商，到按照规则进行协商，最后到方案的落地执行，其中每一步都是集体行动的难题。例如参与协商这关键的一步，就必须回答这样一个节点问题：如何动员不同的利益主体，让他们参与进来，讨论他们共同关注的话题呢？如果人们不愿意参与或参与不足，那么讨论将无法有效进行，即便产生一个结果也不代表是民主协商的结果，事情便在一定程度上宣告失败了。

这一节点问题之所以难以解决，其原因就在于我们并不习惯于参与。人们或者缺少参与意识，或者缺乏参与习惯；但也可能是因为自己不相信自己的参与会有效，至少如果别人没有有效参与，那么你的努力也"打了水漂"。

1.2 节点问题的解决方案

该节点问题该怎样解决呢？第一种做法：社区中有一个相对固定的由 22 个人组成的队伍，他们是优秀党员或群众积极分子，社区中的公众活动通常都由他们来代表，议事协商也不例外，而且任何一次议事协商都由这 22 个人来参与讨论，似乎他们就是一套御用班子。显然这样一种由固定人员代替任何情形下的议事协商的做法从根本上违背了议事协商的精髓。

第二种做法，即居委会也会深入社区公众之中，将一些有"正义感"的公众拉到自己的一边，一同形成压力，促使少数派接纳自己的建议，最后制定行动方案。这一举措有些类似于让有"正义感"的公众行动起来，然后对那些"钉子户"施加道德压力，促使他们行动。但这样一种方式也违背了议事协商的精髓，最终不仅没有动员起最难动员的那一部分人，而且因为使用了道德绑架的手法，将会被人们指责，使问题可能彻底无法解决。

第三种做法，即社区两委通过准行政化的方式来施加压力，让人们行动起来。显然这彻底违背了民主参与的原则，反而是将行政命令和政治话语的方式渗透到社区的基层之中，不仅难以解决问题，还伤害了人们的民主参与精神。

在现实中可以见到第四种做法。一是走进难点群体中，从他们的角度考虑问题，与他们多加沟通。这与道德绑架、行政施压、漠视等做法都不相同。二是引导人们理性地讨论，找出利益共同点，让他们意识到自己的更好选择，以此替代单纯的情绪化对立。在新的思考方式下，人们容易被引导到整体利益高度上考虑问题，从而得到一种几方共赢的结果。

2. 案例分析

在以上四种做法中，只有第四种才是正确的，这的确是一份艰难的工作。实际上，社区中的居民大多是那些并没有议事协商习惯的人，促使这样的群体改变做法难度巨大；这些人在传统上还会有自己的解决问题的手段，如依赖人情面子、熟人关系、蛮力施压、道德绑架、官本位思路，等等。议事协商不仅仅是引入民主、平等的讲道理的机制，还意味着对于旧有陋习的改变。

这里最值得注意的一种现象，就是将议事协商的流程设置出来，并在其中极致地展示出自己的设计本领，将流程设置得规范完美、精细，但这些流程设置并不是针对节点问题而来的，也没有解决问题的能力。于是，沿着这个流程进行运作就不会有任何有益的产出，或者是这个流程空转，如同机器轰鸣了一番而最终没有任何产品产出一样。可怕的是，在现实中多数的议事协商都陷入这种表面化的运转之中。例如一个公益组织承担政府购买服务项目来做议事协商，最终十万块钱花完，议事协商的事情也只是沿着一套理想的模式空转了一番而已，没有任何实质性问题得到解决，甚至也没有为以后的工作积累经验教训。

这样的情形充分说明第四层级的项目绝不能落入关于运作流程的设计中，不然就会降到第二层级；在现实中很多第四层级的项目实际上已经陷入第二层级。在过去与当下，由政府操作第四层级的项目实际上已经使用目标倒推法将目标分配到各个流程，将每个流程梳理得非常规范，然后投入资金人力，通过行政命令的手法推行，结果只是第二层级的空洞运转。

在当下，政府开始将这一职能转移给社会组织，社会组织开始真正地把它们当成第四层级成分加以探讨。但新的问题又出现了：所谓的第三方评估者，或许是由于自己的专业能力限制，仍然在用政府考评下级的方式来考评社会组织；仍然看项目运作中的流程设计、动作完成状况，致使公益组织运作僵化。当下政府购买服务中对于第三方评估方式改变的要求，已经到了十分紧迫的程度，这一问题成为未来政府职能转移和社会组织发展的瓶颈。

三　第四层级案例分析（三）

1. 案例：参与式社区发展

1.1　参与式发展的概念

本案例引导我们进入一个新话题，也是一个大话题，它位于参与式发展的概念之下。参与式发展是中国当下社会组织、社会公益甚至市民社会发展领域里的核心概念，其大致起源于20 世纪 90 年代中期。最初，国外社会组织带来其资金与发展理念，进入中国社会——通常是一些贫困边远的农村，动员村民组织起来，以农民参与的方式来实现社会与经济的发展。因而与上面两个案例相比，参与式发展是一种更具厚实程度、更需要花费时间以及发生在更根本层面上的社会变革，甚至可以将此简称为社会自下而上的奠基。

参与式发展曾给人们带来无比巨大的希望，人们认为通过这种方式可以在根本上改变贫困农村中农民的命运，推动社会与经济的发展，而这种新方式可以使这些相对贫困的农民获得参与和增能，并最终取得社区主人的地位。而从旁观者角度来看，这是一场社会根本性的变革，自下而上实行开来。

人们认为参与式发展的模式应该具备三个主要条件：第一，有持有特定理念的助人组织；第二，有特定的资助资金；第三，需要地方政府及政策的包容与支持。而在这些条件得到满足之后，剩下的问题不再是难事，因为参与符合人的根本利益，它既是助人组织所深信不疑的理念，又是受助者的内在要求，剩下的事情就是拿出资金、动员公众参与进来、追求自身的发展了。

正是在这一背景下，我们能更有力地嵌入节点问题，通过对节点问题的追问我们会发现，原来人们认为理所当然的事情恰好是最大的难题。

1.2　一个回避不掉的节点问题：靠什么吸引人们参与？

要动员农民参与进来，就需要有目标的吸引，那么，靠什么吸引人们参与进来？以下几种选项，我们应该选择哪一个？

答案1：依靠集体层面的经济利益吸引农民参与。追逐物质利益是我们每一个人最基本的内在驱动力，于是当告诉人们通过合作可以获得一份未来的集体资产时，人们就会受其吸引而参与进来。表面看起来参与的动力问题解决了，但实际上还存在值得进一步追溯的二级节点问题。

二级节点问题1：外来的公益组织是否会具有一种先在的倾向性，即他们为了使农民更有效地组织起来，会倾向于将未来的物质利益描绘得更加诱人？

二级节点问题2：一旦农民发现物质利益诱人（他们信了你画的"大饼"），那么他们就有可能会迫不及待地参与进来，于是，就完全有可能把参与作为实现未来目标的一种手段，换而言之，参与是做给你看的。如何防止这种情形的发生？

答案2：依靠权利意识吸引人们参与。有的机构不通过物质利益诱惑人们参与，取而代之的是权利观，即发现人们那些被剥夺的权利，让他们讨论自己该有怎样的权利，以及在现实中哪些权利并没有实现。之后，人们就会追逐这些权利，会通过组织化的方式加以满足。

这样一个答案表面上看起来可行，但接下来二级节点问题同样存在：权利观的确会将人们更有效地组织起来，甚至强烈地凝聚起来，由此形成的一些倡导和争取权利的组织对于中国农民来说，是几千年来一直在不断尝试的组织化方式，但它们并未能提升人们的现代公民意识，或是造就更完善的社会治理格局。在当今，这样的道路就能够实现我们的目标吗？

而更具挑战性的一个追问则是：当人们行动起来追逐他们的权利目标时，一旦这个目标（通常是政治性的）实现，随着目标的完成，人们之间的合作基础便不复存在，组织也会趋于萎缩。新型的社会治理所需要的利益合作格局并没有因此建立起来，甚至并没有因此而积累哪怕最初步的经验，因此通过权利来动员人们，同样存在巨大的漏洞和风险。该怎样办呢？

2. 案例分析

实际上这里并不是要回答该怎样参与的问题，而只是想借"参与式发展"这个概念来提出一些节点性问题，提醒人们那些我们通常认为符合人的内心要求、符合社会正义，并且看起来只要我们投入努力就会实现的目标，实际上比我们想象的要艰难得多。而对实现目标路径的有效梳理，必须从节点问题体系开始。

关于参与式发展，以上只是提出了一个节点问题而已，在整个发展规划中重要的节点问题还有许多。例如，从整体格局上来看，参与式发展绝不像100万元该怎样分配或者某一个议事协商该怎样操作这样一个短期内就能解决的问题，它涉及一个社区的整体性改变。由此引出了一些非常有分量的节点问题。例如，在整个社区治理体系再造的过程中，我们要不要划分阶段？要划分成怎样的阶段？从那些做得相对成功的社区治理推动工作中，可以看到它们的经验就是先要做那些奠基性的工作，而不是直奔目标。先将这些奠基性工作看作第一个台阶，以它们为基础才有助于人们跃上第二个台阶。

再如，在社会治理推动的初期阶段，要如何利用或回避原有的社区社会关系？比如那些人际关系纽带、社区能人以及非正式规范等，该做何种处理？一种做法是连根拔掉，绝不沾染，另一种做法是利用它们然后再转变它们。显然这代表了两种不同的发展道路。

第三个节点问题则是，在未来可持续性发展的意义上，应该将社区治理放在怎样的公共事务平台上？也即居民参与进来了，但他们最终的落脚点在哪里？有一套新型的经济目标供他们追求吗？可以通过互助与社会服务的方式让他们的参与最终稳固下来吗？社区里是否有一些微型的社会企业模式可供他们进入并稳固下来？这一切都是尚未回答的问题，但参与式发展又无法回避它们。

实际上，当下参与式发展的确遇到了重大的问题，正如中国研究参与式发展的重要学者毛绵逵、李小云、齐顾波等人的思考："尽管参与式发展模式在理论上突破了传统发展模式的许多弊端，并通过一套规范的话语体系使其具备了科学的属性，但是由于发展干预中的权力、制度和文化等多方面因素的复杂作用，参与式发展干预在现实中很难实现理想的充分参与和赋权状态，使其在现实中成为很难实现的人造'神化'。"①

当下，严格意义上的参与式发展流派已经呈现明显的式微迹象，并不是人们在理念上不喜欢它，而是它的操作过程遭遇到了巨大的挑战，我们预期的目标远远没有实现。现在回想起来，如果从一开始我们就用节点问题法来思考问题，或许发展的路子会更加顺畅些。

四　第四层级解决社会问题的模式思考

1. 第四层级的节点问题

第四层级的节点问题可以简单地归总为集体行动的难题。它的表述非常简短，但其中所蕴含的难度及其复杂性则超出了想象，也超出了第一、第二、第三层级的情形。

集体行动的难题可以笼统地表达为：如何动员人们参与进来并且解答他们共同面临的问题？将它展开来却有纷繁复杂的表现，比如就需要动员的人群类型上我们会遇到的具体问题包括以下几种。（1）遇到"刁民"该怎么办？遇到长久以来都在体制内适应了层级化管控的人该怎么办？遇到传统的相邻关系与家族关系观念浓厚的人该怎么办？遇到了小农观念强而规则意识弱的人该怎么办？（2）集体行动都位于公共事务之中，人们需要以公共事务为载体才能参与进来。这时，公共事务较少、没有参与的载体该怎么办？还有，为了动员人们参与，我们是否会产生画大饼行为？或者是，为了激发人们参与的热情，我们会不会建构起人们对于事实的另外一番解读，从而扭

① 毛绵逶、李小云、齐顾波：《参与式发展：科学还是神化?》，《南京工业大学学报》（社会科学版）2010 年第 2 期。

曲了事实？（3）人们参与进来是为了解决问题、达成合作的，在此过程中，该在什么程度上帮助他们得出正确的答案？（4）参与显然是为了最终解决社会治理模式的问题的，这是一份长久的工作，在其中我们该怎样划分阶段？

从节点问题法入手与从理念的执守入手，是两种完全不同的行动方案。前面的案例分析已经展示出节点问题法的独特优势，它可以避免我们想当然地进行路径行动的铺垫，然后用目标倒推法来实现理想。而正是节点问题法才可以洞见这样一种理想模式所隐藏的漏洞，建构起一种更务实的、更能解决问题的行动方案。

2. 第四层级的技术手法

技术手法是指可以解决节点问题的技术手法，即通过这种技术能够解决集体行动的难题。第四层级的技术手法十分具有挑战性，仅这样一个场景就能够表达出其特有的难点：一家简称为 AY 的组织负责人曾经说，在她最开始在城市社区动员公众自我组织起来的过程中遇到了巨大的挑战，左冲右突总是无法解决问题，将人们引入组织化的道路是如此之难，以至于最后她"连死的心都有了"。而这样的难点表达又绝不限于该组织一家。

第四层级的技术难度或许会明显高于第一、第二、第三层级，这正是第四层级的本质特征。其实也正是这一点可以让我们理解，为什么将公共事务治理的权限交给政府，通过行政权力来执行。但眼下令人感到乐观的是，不管是从理论界还是从我们现实评估中所发现的事实中，我们发现社会组织是完全有能力解决集体行动难题的，将这些各自成功的经验积累起来，就可以给人们更大的信心，也可以给后来者以特定的示范和引导。

在此基础上进行理论建构或许可以获得第四层级特有的知识体系积累，正是解决节点问题的技术构成了第四层级的核心，也正是在这里意味着未来公共管理的真正建构方向。可以稍做拓展，在过去我们通过行政权力来解决集体行动的难题，通过强制性税收和强制性的行政力量的行动安排，可以确保在基础水平上为公共事务提供保障，但由此我们整个社会也付出了巨大的代价，包括社会公众民主治理的空间大大减小甚至完全失去。同样一个行政方案其实施的后果是社会公众的巨大不满，公众失去了作为责任主体的能力，因而会将无限责任施加到政府的身上。

当下要想使治理的权限回归社会，公共管理的理论就需要研究这样一种不通过行政权力进行治理的专业体系；而不应该是热衷于将政府作为研究的中心，研究以行政权力为主体该如何提供公共服务。显然只有去掉行政权力之后才能捕捉到公共管理的真实面目。

3. 第四层级的模式设计

模式设计也即动作的安排，将资源动作安排到不同的行动环节中，最后构成一个整体的行动体系。这样一套模式设计有两种不同的来源，一种是通过理想的目标进行目标倒推与分解就可以获得，这显然不是我们想要的，尽管其中包含对正确理念的坚守，包含一套完全规范的动作，但由此所获得的模式设计却缺少节点问题的视角。它忽略的是在一线运作中我们会遇到怎样的具体挑战。

例如，将公共事务治理权限归还给社会就有两种不同的视角：一种是难题观，一种是权力观。在难题观看来，我们要想让公众承接公共事务，就需要培养他们的公共精神，锻炼他们的合作能力，其间蕴含着一些十分艰难的挑战；而在权力观看来，这里涉及的只是我们是否敢于放手的问题，一旦将权力下放，那么公众的治理能力会自然具备。显然只有将节点问题全部挖掘出来并获得关于它们该如何解决的答案，才能更有效地设计出项目模式，这便是所谓的专业视角。

五 社会组织进入第四层级的价值分析

1. 与科层体系的比较

1.1 科层体系完全忽略了节点问题

一般来说，行政机关、官僚体系是提供解决公共治理方案的最重要主体。行政机关的典型特色是以行政力量自上而下推动，整个运作体系呈现典型的科层化模式。以行政力量为依托的科层体系就如同功率强大的推土机，所到之处一律推平；它又如同沉重有力的压路机，所到之处一律压平。

因此不论第四层级公共事务中具有怎样的极具挑战性的节点问题，它都丝毫不介意这些，它只需要以一种强力推进的方式向既定的目标推进即可。例如，参与具有难题吗？使用行政命令的方式，谁都不能不参与；充分讨论，是难题吗？那就动用专家力量形成科学化方案，不需要人们自己讨论。

节点问题是无论如何都无法真正忽视的：你可以无视它而让事情形式化地前行，你也可以看到问题却毫不畏惧而用强制力推行；但是，一旦你不尊重它、不用专业化的力量加以解决，那么节点问题所对应的陷阱就会显现，它就会使人们陷落，或者只是表面上实现了目标。

1.2　忽略节点问题导致的冲突对抗

回到前面的"100万元该怎样分配"的话题上，其中最核心的节点问题就是如何让受益村民参与进来，知晓基础信息，理性地倾听不同的观点，讨论最终方案。这一节点问题颇具难度，诸多场所下我们束手无策，但科层体系就不会这样被动，它完全可以通过强制性的方式将人们纳入大会堂，用领导作报告的方式来让大家知晓情况，配合政府的方案加以执行。

但其结果是，被忽视的节点问题就会显现：政府"恩惠之雨"在降落到社会的过程中，反而引起社会公众强烈的不公正感，群体性事件层出不穷。其根本原因是，一旦人们只会站在自己的立场上，只从自己的视角出发来考虑问题，就一定会与站在整体角度考虑问题而产生的利益分配方案有一定的偏差。而这种差异通常是更偏向于当事人自己的利益的，于是最终结果是每一个人都容易感受到不公正。在此期间，如果再加上一些官员的贪污腐败作为点火引线，那么社会问题的爆发就不足为怪了。

例如汶川地震后的一项社会调查中发现，2009年的春天，正当政府多方筹资、投入灾区帮助灾民重建房屋时，村民却因利益分配问题产生了大量不满情绪，地方政府的满意度评价分值大大降低。与之形成对比的是，地震发生后的最初几周内，由于大家面临共同的灾难、有相同的救援目标，地方政府在村民心中的形象明显提升，人们有一种"虽然天灾降落到头上，但是我们的人更团结了，政府和公众更团结了"的感觉，这一度成为人们所自豪的事情。仅仅过去了数月，在政府投入更多的救灾资金时，却出现了村民对地方政府的满意度评价阶段性下降的情形，甚至低于震前的水平，这值得我们反思这一资金投入的过程与方式。

1.3　有形无实的结果

通常来说，虽然依靠行政力量，能在形式上做出计划中的所有行动，但通常会陷入有形无实的套路。在"100 万元该怎样分配"的案例中，让人们参与进来之后重点在于讨论他们之后要参与到最终利益分配方案的制定中。由此所产生的效果是：由于自己参与讨论了，因此这一方案相当于自己做过承诺，在后面的执行中自己会更愿意遵守，甚至帮助监督执行。

但这里存在的节点问题是，如何让人们能够平静下来、理性起来，在充分听取各方意见的基础上，有效讨论出一个分配方案？这并不是一件简单的事情，但行政力量同样可以以强制性的形式将问题解决。因此虽然表面上分配方案出来了，但人们并不认为自己真正参与到了这一方案的讨论之中，于是他将不承认对这一方案的承诺，在未来的执行中他也不是守护该方案的责任主体。

于是，一个看起来设置合理的方案却得不到人们的遵守与维护，最终很可能流于形式主义。例如，从现在自上而下所推动的村庄议事会制度，或更具体的议事协商流程的建构中，可以看到这些制度设施甚至遍布于任何一个村庄或社区（在自上而下推动所覆盖的范围内），但其实，你走进几乎任何一个这样的社区都会发现，那些硬件设施、制度建设在相当程度上都是有形无实的。

1.4　一个假设：行政不容纳专业

从当下社会组织的实践中我们发现，解决第四层级公共服务的提供问题，是需要考虑节点问题的，并且需要找到每一个节点问题的解决方案，形成专业性三要件的完整体系。但行政体系却丝毫不关心节点问题，因而也就不需要考虑如何解决节点问题的技术手法与模式设计的事情了。这里可以初步得出一个结论：行政体系中不需要容纳专业，甚至按照它的运作逻辑，以其最简便运作路径原则，甚至会排斥专业体系。

这一结论令人很吃惊，其原因就在于过去的公共服务提供，基本上都是按照这样一种自上而下的科层体系的方式加以推进的。一旦这种整体性的推进方式没有容纳专业，那么它所产生的问题就远远不再是缺乏民主性的问题了，而是直接缺乏科学性。

在这里需要注解的是，在过去的行政体系中，也有专业性的概念，但那是指如特定工程建设中工程本身的专业性、特定学科体系方面的特定学科的专业性，而至于涉及公共管理这一独特学科的专业性，即如何动员人们参与进来，如何让人们通过参与学会负责任，以及学会站在整体角度考虑问题，最终成为公共方案的遵守者与维护者等，则并没有被考虑到。

如果仅仅关注特定专业领域里的专业性而失去公共管理的专业性，就会让事情落到第二层级上，即把所有的事情看作只有专业技术类型Ⅰ而没有专业技术类型Ⅱ，所有的事情都可以忽略人而将其作为简单的机械化流程加以制定，事情的成败仅仅取决于流程设计是否标准规范。

由此，再回过头来思考由政府体系执行公共利益分配中所产生的诸多问题，如在工程建设、城市建设等过程中涉及移民补偿时所产生的诸多冲突，就不会再把问题的根源归结为政府的腐败或者是改革期利益的重新分配，而可以完全归结为一种纯粹的自上而下的行政方案。

并且，为了维护这种自上而下方案的纯粹性，可以让行政权力由弱到强，一旦遇到抵制，行政权力会瞬间强化，以便维护自上而下的庄严性。当它达到最强大的程度却仍然留下很多难题时便会在行政上叠加政治，将特定的方案当作政治任务，于是自上而下的推动力量便有了质变性的提升。这样的思路完全忽视了第四层级公共管理、公共治理的专业性，在那里即使政府是廉政的、最终的执行方案是科学的，也完全无法保证在长久的时间里，它不会在公众层面产生问题。

2. 社会组织进行社会治理的效果

2.1 提升公众素质

在如何分配 100 万元的讨论中，参与者需要了解自己的需求，也需要了解别人的需求，还需要在对话过程中站在双方共同的角度上来考虑问题，即它超越了单一利益方而站在了更高的高度。如果不是两个利益方而是更多，他们也会跨越几个利益点而从事情的整体出发看待问题。这样一种素养就会让人们在见识与能力上真正成为社会的主人，而不是成为局限于自己利益角度的狭隘者。

在一个缺乏参与的社会中，通常只有极少数的利益分配者可以站在这一位置上，他们已经达到了"高人一等"的程度。但更多的社会公众做不到这一点，甚至还有一批人基于自己的不公正感而在抗争过程中陷入进去，变成了被社会管理者称作"刁民"的群体。因而在一个缺乏参与的社会中，从"社会精英"到"社会刁民"，人们之间会出现明显的分化。

公共精神在相当程度上是培养出来的，像托克维尔这样的政治学家的经典论述及当下社会科学的实证研究，都证明了参与习惯、参与意识和参与能力是与人们参与实践中的培养作用密切相关的，尤其是小时候的参与习惯，会对一个人的一生产生根本性的影响。

2.2 减轻政府责任负荷

十几年前，中国政府承受着群体性事务的巨大压力，同时承担着对公共事务的无限责任。为什么会如此呢？显然，当公众拥有参与的意识与能力，能够通过自身的参与来做出决策之时，那么政府的责任将转交给社会，社会公众将成为责任主体。政府由此所卸去的负担，不仅仅是事情的执行负担，其更重要的部分是社会公众由于对政府分配执行结果不满意而产生的抗争性行为。因而一个民主参与式的社会，将是政府负担最为轻松的社会。

为什么我们不向这个社会迈开步伐呢？首先，在转型的初期，甚至会产生比既往更为糟糕的局面，即参与式民主的初期会比专权式公共服务提供更加糟糕。其原因就在于一旦放权于公众，当他们还没有胜任的能力之时，就会出现短暂的混乱局面。

这时一种反对派的声音就会出现：社会公众根本没有能力胜任，参与式民主只能在理想的梦境中存在而无法落脚于现实。另外一种反对的声音可以是：公众的能力这么糟糕，为什么还将资金源源不断地分派给他们呢？两种声音对于改革的努力来说都是致命的。

回到社会组织本身来看，当下政府决定将公共服务和社会治理职能向社会转移的瓶颈就在于社会组织的能力，中国的社会组织发育相对较晚，也处于初期。在当下以公益组织为例，它们更多是贡献一些资金、志愿服务，因此在相当程度上位于第一层级，当然其中有一小部分具有企业家精神的公益组织，会将项目运作提升到第二层级，而真正要进入第三层级、第四层级还必须培育出自己的专业性。但落实到第四层级，则是一件非常具有挑战性的事情。社会组织在历史上，头一次以专业化的方式来提供这样的服务，当然它们还仅仅是在做初步的尝试和探索。

公益项目模式

2.3 营造真正的民主氛围

参与式民主是民主体系中最具实质性的内容，它会让服务提供者、被服务者都感受到一种自身做主的感觉。民主是人人欢迎的，尤其是这种实质性的民主。为了早日迎来这样一种我们所喜欢的民主，就需要提升人们提供公共服务的能力，将其专业化程度提升上来。实质上，民主是与公共服务的提供密切联系在一起的。当社会没有能力或被认为没有能力提供公共服务时，其就不得不将公共服务交给另外少部分人来提供，而另外少部分人又有了足够的理由来通过强制性的行政力量来完成这一"神圣使命"，集权化的服务提供模式就由此产生。显然，要想消除它并不能单靠一个简单的制度安排，不是简单地让社会组织重新回到服务提供者的位置上，而是要让社会组织培养出能够提供服务的能力。

当然，这需要一个过程，但只要路径设置恰当，这一过程中的成本人们还是愿意负担的，而在此过程中，曙光还是能明显看到的。

3. 社会组织的活动场域

社会组织进行公共治理可以产生如此多的社会效果，那么接下来就要思考到底在哪些场域可以由社会组织介入和开展项目。

严格意义上说，政府职能向社会的转移可以出现在任何领域。除了一些涉及保密、国家安全、公共安全、外交等的事务之外，国家的任何事务都可以向社会转移。例如，它早期出现于工商经济领域，其中行业协会、商会逐渐发育，已经在相当程度上开始承担过去由政府承担的职能。

而具体到社会组织领域，它们承接政府功能的场域，与政府职能改革的定点选择有关。当下的热点包括社区治理领域，即促使城乡社区社会组织的发育，并使其逐渐承担社区公共事务提供职能。社会公众通过自我组织的方式由弱到强、由简单到复杂，逐渐上位，一些社区事务的自我治理功能，正在大力向社会组织推进。

由此更深入推进一步，则是在一些农村社区尤其是在贫困边远的农村社区推进社区发展，其中既包含经济发展的要素，又包含整个社会发展的要素，其典型的组织如农民合作社。让贫困农户加入合作社可以增加他们的经济收入，加入合作社既是一种经济行为又是一种社会行为，后者是指他们要以合作的方式来解决共同面临的经济发展问题，而这种合作便存在集体行动的难题。

公益组织的另外一个典型的活动场域则是生态环境保护。生态环境是一种典型的公共物品，而且是全社会性的。其中的公共利益与私人利益存在明显的冲突，如水环境污染或砍伐森林等都是典型的为了私人利益而损害公共利益。另外，水资源的上下游之间、水道的两岸之间、不同地域之间，以及政府、企业和社会之间，都存在如何更好地分配资源、防止危机发生的合作问题。如何协调利益冲突，使它们找到一个共赢的利益均衡点，是一种典型的集体行动难题，这种集体行动难题的难度更高。

公益组织在帮助一些特定的人群时，也希望将它们组织起来，形成一种自己解决问题或参与解决问题的机制。自我组织起来同样是集体行动的难题。

六　第四层级总结

一位员工是这样形容其老板的：在企业经营方面颇有成

效，但在家庭管理方面远远不足。在老板临终前，其两个儿子因为家产的分配问题大打出手，事情闹得很大，一度成为当地人的饭后谈资。

家庭管理尤其是家产的分配问题具有第四层级的特点。这是一份家庭中的"公共事务"，处理起来确有难度。在家庭中，通过文化建构赋予特定的人以权威，才在一定程度上让这一复杂的问题能够得到解决。在当下，当行政权力与家庭权威越来越失去效力的时候，公共事务的管理便陷入困境，而社会组织则正是在这一困境中迎难而生。社会组织的特征性做法是：让社会公众参与进来获得主体地位，在他们成为责任主体之后，许多问题便具有了另外一种解法。

但是要想掌控这一局面就需要拥有自身独特的能力，以便在不同的集体行动场域都能做到动员公众参与进来。该能力正处于发展的初期。因为公共事务治理权限转移给社会组织还只是最近几年的事情，社会组织尽管拥有民主参与的理念，却还没有形成完备的民主参与的能力，更没有被学者总结出一套相应的专业技术体系。而此前相关的诸多研究要么进入社会科学中的"理科"轨道，要么进入宏大的公共管理理论讨论中，真正的社会科学的"工科"还没有体系化地出现。一些跑在前面的优秀组织已经在某些山头探索出了有效解决问题的手法，但这一队伍的比重尚需要提高，关于它们解决问题的思路尚需要做进一步的梳理和总结。

从五层级来看，第一、第二层级的事情还不具有典型公共性的特征，第三层级还只是初步具有公共事务的一些特性，第四层级才是核心性公共事务。因此，第四层级的专业技术体系便是我们关于公共管理理论的核心期待，在此之外没有一种更高层级的或更为核心的公共事务会浮现出来。从某种意义上来说，公共事务是整个社会的一种负担，它的处理完全无法依赖市场这样一种有效的手法来完成；不仅如此，当它处理不好时，就会出现如同"100万元该怎样分配"这样的难题，导致社会出现严重的矛盾甚至冲突对抗。

其实，恰好是公共事务最终将我们引导至动员公众参与的轨道上，而参与决策的过程则会让每一个参与的人增强主人公意识。与此同时，他们的整个人格境界得到提升、视野得到扩展，人也在此中获得了长足的发展。在一部分人眼里这样一种发展被形容为增能，而在另外一部分人眼里则形容为增强主人公意识，第三种视野下的观察看到了人们具有公共精神，而这种精神不仅仅是一种美德，它直接就是让人们获得人格提升的营养品。

正是在公共事务分配的场域里，一个人才可能获得他在社会中的更高位置，甚至最大程度的个体发展，于是公共物品便由一种负担转化为一种资源，人在其中由被动者转化为民主参与的主体、公共精神的拥有者。当然这一切转变的完成都需要拥有特定的公共治理和公共参与技术，而拥有这一技术的主体则需要是社会组织而不能是政府，社会组织目前正处于发展的初期，未来才是它们更加自如、自信地展示自己的大好时光。

总体来说，本节主要关注第四层级公共治理的项目模式应该是怎样的，但显然我们目前还无法完成关于第四层级项目类型的完整划分，更无法找到每一类节点问题的解决方式。这里也无法彻底解决集体行动难题。那么，对于这一部分我们能做的是什么呢？

该部分的论述给了人们一个示范：（1）让大家知晓存在第四层级，这个层级有一个共同的特点即需要解决集体行动难题；（2）接下来告诉大家，这个难题在不同的场域有不同的具体体现，对于它们的解决可以从节点问题切入，最终落实到项目模式三要件的完整组合上。到了这里，一种典型的第四层级解决问题的模式产生。最后，本部分还向大家展示一旦拥有了第四层级的技术，突破了解决集体行动难题的关口，那么就会实现良好的社会效果，这便是在第四层级大力推动社会组织介入的原因所在。

第六节　第五层级简述

一　第五层级引述

第五层级是最高的层级，它是对整个公共服务领域的拔高性和整体性掌握，而不是一种单独的类型。换而言之，这一层级可以包含、整合和超越第一层级至第四层级的所有类型。

第五层级存在的核心基础是当下社会两种根本性的变革。第一，由自上而下的社会管理体系转化为自下而上的社会治理体系。[①] 在这种背景下，关于社会结构的重新建构、社会价值的深层次转型问题以及相关的法律法规、公共政策等方面的问题都需要得到重新思考。第二，社会组织被推到前台，它与企业和政府共同构成公共服务的三个部门，并且在社会服务和公共管理两个方面，社会组织呈现逐渐兴起的趋势。第三部门（即社会组织）的精英致力于推动整个行业的发展，成为建构

---

① 1949 年新中国成立之后看起来是一个全新的社会，但从公共管理的视角看，它并没有改变自上而下用指令的方式来解决公共事务的性质。不仅如此，在封建社会定型的"皇权不下县"的局面也已经被突破，即建构了县域之下的人民公社体系，甚至连大队和生产小队都一定程度地行政化。

第五层级的重要力量。

但不得不说第五层级是整个公共服务的拔尖之作,任何个人或机构都很难说在这里已经有了透彻的理解。因此,再用节点问题法来分析第五层级的问题将会失败,其原因就在于我们可能还没有这种能力。当然这是从总体层面来说的,至于每一家具体做事的机构,它们可以在自己的路径上提出自己的宏大节点问题,产生自己的解决问题的方案。于是,在这里只是对第五层级做一些初步的探讨,勾勒一些整体性的框架,而并不是进入第五层级的深处进行问题分类、理想的项目模式的勾勒工作。

二 第五层级可包含的内容

1. 民间智库

谈到第五层级,一个最引人注目的的概念就是民间智库,它是民间资金与民间智慧的结合,形成一个在过去会被认为是位于金字塔塔顶的、具有智库性质的社会形态。在过去,智库通常是官方、半官方的特权,如在我们国家像中国社会科学院以及国务院发展研究中心等都是典型的智库中的佼佼者。但在最近几年,像中国人民大学重阳金融研究院以及北京东宇全球化智库基金会这样的纯粹的民间组织也已产生,并且两家机构在国际权威机构的排名中直逼前面两个体制内的主体,而它们的人员没有一个是体制内的,在资金使用来源上也几乎都是社会化的筹款。

民间智库会给许多有想法的人以巨大的希望,因为它可以以另外一种堪称捷径的方式来通达人们心目中那座理想的圣殿。但在当下,如果继续秉承传统的价值理念,那么选择这条道路将是错的。原因是，首先，民间智库是在社会领域搭建起的智力产出金字塔，它可以最终为政府所用，但并不意味着一定被政府"同化"，它更重要的特点应该是以社会化的方式来提供智力产品。其次，一个成功的民间智库的建立，需要具备新型的工作方式，这便是自下而上的方式。过去那种将诸多的著名人士聚集在一起的方式，已经无法解决问题、实现目标；眼下必须实现自下而上的积累，而且所积累的必须是高端智力能力，最终形成一个特定的体系，资金与人才兼而有之，缺一不可，后者尤其具有挑战性。

2. 特定领域内的创新

与民间智库相比，特定领域内的协会、学会则可以更加短平快地通向第五层级。其实，一些地域或领域内的大型协会与学会，它们本身就站在一个领域的制高点上，在这个位置上它们可以提供第三层级性质的服务、可以提供第四层级性质的管理，但更重要的是，它们还可以在领域内进行整体性的统领、创新和变革，因而一定程度上就具有了第五层级的成分。

公益组织也可以扮演这样一种角色，如北京市慈弘慈善基金会通过图书角而深入一个又一个县域，在这里它与教育部门相结合，将自己在教育领域内的作用由简单的资金物资支持，提升到软性的社会服务和第四层级的教育体制的改革。一旦一个县域内的改革达到遍地开花的程度，那么就可以在整体层面进行顶层设计，与政府合作推进教育体制走向更有效的形式。在当下，教育领域问题众多，可以用像"校园霸凌""教师体罚""惩戒权"这样一些概念来表达。这意味着我们已经面临诸多的教育体制问题，而综合性的改革则可以因为公益组织的兴起而充满新的希望。

3. 社会第三部门的发育

第五层级的一个功能正好落在社会组织本身。社会组织的发育支撑起了社会的一个新型部门即社会第三部门，在过去引用"市民社会"这样一个特征性概念来加以描述，而在当下则更多用"社会治理"来表达。与"市民社会"比起来，"社会治理"更突出其功能性，它瞄准了社会组织通过自己的专业性来解决公共服务问题的社会功能，从而可以实现政府职能的转移和事业单位的改革。然而社会组织领域的整体发育并不容易，既需要资金、理念，也需要从业者的专业能力，后者尤为重要。通常，一些大型基金会在其中可以起到重要作用，它们在提供资金支持的同时还关注理念的输出、方向的指引，以及专业能力的支持。

早在十余年前，南都公益基金会就致力于这一方面的工作，它选择一些特定的领域作为突破口，支持这些领域社会组织的发育。例如，在救灾领域，它会支持社会组织通过救灾的过程而形成自身的联合体系，实现领域内社会组织整体性的发育与格局的奠定，在此之后，更多的资助型基金会开始在该领域发挥作用。

与此同时，资助的领域或方向也开始多样化，其中除参与式发展、灾后参与救灾等重要方向之外，社会企业的概念也开始兴盛，通过支持这一方向的社会组织可以让受助者既体现公共组织的性质又逐渐拥有服务收费的能力，从而可以实现自身的造血功能。但这并不是简单的理想主义，而是让社会组织的服务跨越市场与公共两个地带，形成过渡地带，在这一过渡地带，开发出既能解决社会问题又具有适当收费能力的运作模式。

在当下，社会组织发展的维度还在逐渐拓展，如近年来出现的"社会组织走出去"（走出国门）就是一个新增的维度。通过"走出去"可以让社会组织的活动范围与视野拓宽，可以培养它们"共享"的价值观。此外，网络众筹平台也是一个新增的维度，这一维度可以通过一种新型的互联网手法为社会组织提供资金支持；与此同时，也形成了捐赠人、互联网平台、公募基金会和运作型公益组织四类主体之间的一种既合作又相互选择的关系体系和公益格局。

政府购买服务则是另一个新的方向，这既意味着社会组织有新的资金来源，又意味着政府与社会组织的更高端的合作模式形成。在这一趋势下，社会组织被提出了新的要求：它们在使用公共财政资金时特别需要证明自己能提供相应的产出。相应地，政府、社会组织、第三方评估机构该形成怎样的格局、怎样的运作机制则是新型的话题。

对这些领域进行政策研究、运作机制研究与现实运作的推动，也都进入了第五层级。

4. 关于社会价值的研究

与当下社会变革相伴随的，是关于社会结构与社会价值的整体探讨与把握。在这一方面，一些机构做出了自己卓有成效的努力。例如，《文化纵横》杂志社以出版杂志的方式做着尝试，与此同时，它也成立了修远基金会，基金会与杂志社形成合力。这一方面形成了自身的研究队伍，另一方面也会聚了来自社会各界的研究型专家，其主要观点体现在杂志的文章中。

5. 专业权力的运作模式

专业权力是一个新型领域，它意味着我们可以以专业队伍为依托，形成权力判别的依据，取代过去的行政权力；甚至在极端的情况下，政府的公共服务绩效都需要通过第三方专业权力机构来进行评估，从而限制行政权力的任意妄为；至于由政府转移出来进入社会的职能，尽管仍然是政府通过购买服务的方式出资支持，但在这里已经普遍通过第三方专业权力机构来进行评估把关。

而在一些新型的社会运作领域，则是直接由社会组织进入，对公共事务进行梳理、评价、制约，这也体现为一种第三方专业权力机构的运作。

一个比较典型的案例是 IPE 作为第三方专业平台开发出的绿色供应链评价体系。绿色供应链指数（CITI，Corporate Information Transparency Index）是全球首个基于品牌在华供应链环境管理表现的量化评价体系，由公众环境研究中心（IPE）和自然资源保护协会（NRDC）合作开发，采用政府监管、在线监测、企业披露等公开数据进行动态评价。旨在通过绿色经济手段，促进国内外大型品牌关注供应链的环境表现，用绿色采购带动绿色生产，将环境信息更有效地转化为大规模的污染减排。IPE 在整个绿色供应链的运作中的角色定位就是专业权力，这种专业权力会制约品牌，产生压力，促使污染企业进行整改，这种专业权力区别于行政权力，因为此前并没有政府行政权力会这样制约品牌，这种专业权力是经过选择和服务的机制，从而形成新的社会功能，是从起点处就进入了专业引导的轨道。

专业权力介入的优势是，它拥有单独的第三方作为责任主体，从而避免了行政权力一统到底的现象，避免了行政权力无限责任的现象。与此同时，专业权力以专业性为依托，可以保证整个评价过程与结果更加科学。而且第三方机构并不限于一家，可以呈现多家竞争的局面，这样也会促进优胜劣汰，使被服务方有选择的权限与空间，避免像行政权力那样以垄断性的方式行使。

6. 关于个人终极价值的探索

上面勾勒的都是关于社会整体性的，其实单就人本身来说，就有至高无上的成分，如人的生命是什么，生存的价值哲学是怎样的，甚至是死亡的哲学，都可以纳入进来。这样一种关于人的价值体系的勾勒与认知体系的梳理都可以属于第五层级。如果往根源处追溯，它们很有可能发源于第三层级"社会服务"的部分，即在我们试图帮助每一个人的过程中都会遇到这样一种关于根本价值的话题。

三 第五层级的定位

最后需要强调的是，在当下社会治理的时代，金字塔顶端的成分比重会越来越小，这与过去不同，在既往的时代，社会的经济、政治和意识形态权限都位居金字塔的顶端，因此整个社会的精英都想通过各种渠道、各种手法到达塔顶。

在当下，社会的重心已经下移，市场经济的建立意味着经济的重心进入基层社会，而社会治理的推动则意味着社会的重心也开始进入基层社会。因此，民间智库等第五层级的内容，都是为基层社会服务的。结果是，民间智库除了瞄准政府外，还需要瞄准整个社会，这与原来"递折子"的方式并不相同。知道了这一点，才能将第五层级的事情做好。

第七节 五层级理论的延伸讨论

一 五层级理论的整体应用举例

我们以帮助儿童发展为例，纵览一下五层级理论。对于儿童服务来说，将五个层级简化一下，突出其中的要点则变成三个层级。第一就是物质性帮助，连同基本温暖的递送，典型的做法是给孩子发放各种包裹。这是一种典型的基础慈善，它的门槛较低，可以吸引更多的捐赠人，使人们有进入公益领域的机会。但深入同一层级，动用专业性的内容，也会发现这里是蕴含风险最大的地带。该层级特有的节点问题，每一个都可能爆发，任何一个一旦爆发都或许会将孩子的发展局限在某一特定的水平之下，其中我们前面所举的贴标签效应就是所有问题中风险最大的一种。

往上走则是孩子如何发展的问题，从而进入第三层级。我们不妨回到家长的视角，当问到给他们的孩子一笔钱，甚至小到如100元钱他们将如何使用时，回答出乎我们的意料。通常家长们并不是给孩子买最基本的物品，而是将钱用于他的学习与成长。实际上越是贫困地区的家庭，越期待通过孩子的发展来改变贫困面貌，或者至少下一代能脱离贫困地区。而在公益人士眼中，发展可以有更丰富的含义，它不仅意味着学习技能的提升，还伴随着与此相关联的一系列的能力和人格状态的改变，如更具有胜任感、减少一些自卑感，或者更善于在有限的资源条件下学会理财、学会有效利用资源。

显然在这一层级上的发展更符合助人的根本宗旨。但很可能我们恰好缺少这种能力，提供有效的服务对我们来说是一种巨大的能力挑战。尤其典型地表现在公立学校中，当这些老师自己都被行政化的教育体系禁锢的时候，他们不会以社会服务的视角对待学生，而只会以自上而下、固执命令的方式来要求学生，最多再加上思想政治式的道理说教工作，以至于体罚成了"为了学生好"的手法。于是我们在看到学生和老师之间已经产生严重冲突的情况下，还在讨论要不要保留教师的惩戒权的问题，而其实在这一时间点上更应该做的是让老师学会用社会服务的手法来影响学生，即不用惩戒的方式，学生便愿意学习，但他们通常不会这样做，甚至没意识到还有这样的途径。

第三层级的技术手法试图解决这一问题，是公共服务核心地带的内容。但往上还有一个质变层，我们首先思考以下问题。有一些学生，他们并没有通道保证自己最后能够跳过龙门、顺利考上一所好大学，他们从一开始几乎就被判定为一个贫困落后地区的"坏学生"，这就意味着在狭义的第三层级，都无法为他们找到出路。但是即便是贫困，即便是考不上大学，在他们的人生规划中难道就没有美好的前景吗？其生命本身难道就没有绚丽的色彩吗？其实在我们当下的教育中孩子们非常容易缺少关于生命价值是什么的教育、关于社区是什么的深度感受，当然我们就会更缺乏对关于死亡是什么、关于爱情是什么、关于亲情是什么的一系列的知识体系与价值观的接触与思考，但恰好从这里出发才能为那些最"落伍的"学生提供出路，让每一个生命都找到自己能够绽放光彩的通道，而这种高端认知体系的梳理便是第五层级的事情。

在现实项目中，每一个项目并不是纯粹属于某一特定层级，以下三种情形更为常见。

第一，两个或多个不同层级项目的混合，如帮助特定的群体，通常是从为他们服务开始到最终促使他们组织起来结束，而此过程则有第三、第四两个不同的层级不同比例的混合，其中既包含服务类成分，又包含促使他们自我组织起来的成分。

第二，还存在两个不同层级的过渡地带。例如，为某一特定群体提供服务，这是第三层级的内容，但服务过程中或许只有部分内容是第三层级的，而更多的内容可以第二层级化，或者仅仅位于第一层级。通常第一层级的公益慈善项目，在其高级阶段也会自然地向第三层级过渡，如给受助人递送物品的同时，还希望他们能够自强起来，因此就利用各种手法让他们获得增能感或使之成为责任主体。

第三，在一般项目中通常都会有一定比例的第二层级的内容。那些能够标准化与流程化的服务内容，沿着效率提升的方向都要尽可能地标准化与流程化，之后剩余的部分才是第三与第四层级的成分，于是形成了第二层级包含其他层级的项目模式。换一个角度来看则是其他层级的项目被镶嵌在第二层级的底座上。

之所以强调这种情形，是因为在这种模式下我们既需要有第二层级的管理能力，又需要有其他层级的能力，通常第二层级代表一种企业家风格的追求效率的模式，而第三、第四等层级则代表一种注重人的内在品质、情感、人格等成分发挥出来的模式，在具体管理中或许会构成一种"三分营利组织管理、七分 NPO 管理"的双层式结构，或者简单来说一种"企业式管理镶嵌 NPO 管理"的格局。这样一种结构对于公益组织内人员项目运作的能力有着更高的要求，并且或许还有这样一个趋势，随着一个公益项目逐渐成熟，其中第二层级的成分比重会越来越高，于是一个原来第三、第四层级的公益项目随着它运作成熟程度的增强会越来越第二层级化。

上述三种情形的出现提示我们在公益项目运作过程中要灵活处理，要有自主把握项目的视角与能力，而不要过于教条化地运用既有的知识。

二　五层级理论视角下的"科学公益"

当下"科学公益"的说法成为热点，并且将此观点应用于评估领域，对公益组织产生了强大的引导性作用。虽然众多的理论工作者在"科学公益"的领域做出了很多探索，但是大家对"科学公益"的理解出现了很多偏差。在此，我们通过五层级理论视角来理解到底什么是"科学公益"。

第一层级基于散财之道而助人，这里并不需要严格的科学性与技术性，"有钱"和"守信"构成了这里的关键性要求。除此之外，科学性的体现主要在识别和解决前文提到的五个节点问题上，问题解决，就实现了该层级上的专业性，这个层级的专业技术主要指公益慈善技术。

第二层级的要点是，每一类项目都有自己的节点问题组合体系，并且，发现了这些节点问题之后，项目的设计就有"水到渠成"的感觉，潜在的技术要求并不是很高，第二个层级涉及的是企业家所擅长的专业，且以管理能力的体现为主，如果其中在任何一个点位上需要专业的话，那么就可安排相应的专业人士，以此解决问题。

第三、第四这两个层级属于公共管理的核心领域。其中，节点问题组的发现与解决问题的模式勾勒不再是最具挑战性的难点，相反，技术手法成为最具挑战性的要素，其实也正是这些技术以及其背后相关的理论才构成了相应学科的基础。

第三层级则涉及人心。但它绝不仅仅是理念、情怀和爱这样一个现象层面的事，它是一个专业体系。现有的情形是，社工领域早已在此耕耘，不管它有怎样的缺陷，首先需要承认这里已经有一个领域和一个大型的学术与职业共同体，我们需要尊重它们既有的成果，在它们的脉络上向上发展。

到了第四层级，则进入公共管理的核心地带。公共管理的专业性试图解决这样一个问题：不用行政权力作为依托，如何动员公众参与进来？这一个领域同样有诸多的学术共同体在致力于它的发展；在现实领域则有更多的群体致力于解决现实问题。

第五层级更为复杂，如在这里连基本的节点问题都未必能够勾勒出来，"发现了问题就等于成功了一半"在这里更为适合。第五层级涉及的是对社会整体的系统化解决方案，需要各类专家、深度思想，还需要系统化的研究和干预，暂且也排除核心性"科学公益"的范畴。

归总起来，公益领域的科学性可以表达为以下公式：

纯粹的公益慈善技术＋企业家的管理理念与管理技术＋以社工领域为核心的社会服务技术与理论＋公共管理领域中的公共事服提供之道

总之，"科学公益"具体落地就是项目模式，这就好比是社会科学中的"工科"。其中一些要点性成分包括：要实现特定的社会目标；会遇到怎样的节点问题；需要怎样的行动结构；需要拥有怎样的技术。但它们位于不同的层级，该层级上的专业性将成为其解决问题的理论依据。此外，这些成分又体现在项目设计中，体现了项目团队解决问题的思路。在项目运作过程中，我们只是让这样一套解决问题的加工过程落地即可，用事实层面来核证它们是否如理论上设计的那样。

作为对比，我们看一下当前"科学公益"的主要做法和误区。当下所谓的"科学公益"将整个的五层级科学体系降格为影响力评估，即通过看似严谨科学的实验设计来评价公益项目是否有效。其中的科学性体现在实验设计和量化方式的呈现上，并且在形式逻辑上，建构起了无懈可击的科学化外观。但在我们看来，如果将此叫作"循证"还可以接受，但叫作"科学"则并不恰当；其中的实质内容，已经表现出典型的科学空心化的特征。

如果所谓的"科学公益"就是这样一套空降的产物，那么这是十分可怕的。它忽视了既有公益领域的经验与实践积累，忽视了公益项目应该如何运作的专业追求，而是将所有的公益项目通约到一个评价体系中：随机对照实验下的量化统计结果。这种思维方式和路径将会大大伤害整个公益领域的真正"科学化"。看似严谨科学的评价结果却无法呈现项目模式是什么，无从把握它的项目技术含量以及技术的优劣，无从为公益项目的运作者把脉、做指导和引领，相反却逼着公益项目人员走上了一条不归路，为了呈现效果的"科学性"放弃对项目模式及项目技术含量的追求。

三　第二层级的更多思考

1. 重新思考第二层级的理由

在五个层级全部讨论完之后，又单独拿出第二个层级进行专门分析，这表明，我们对第二个层级还有许多尚未完全、确切把握之处。在以上内容中，第二层级被界定为"流程化公共服务"，但或许从另一个角度看，完全可以将它界定为另外一种情形，即"企业管理的特长"。

企业管理的特长与公共管理的专业性相对应，除了流程化之外，它其实可以包含更多的内容。如果说公共管理位居第

三、第四层级的话，那么，第三层级以下都应该属于企业管理的特长范围，需要以更为开放的眼界来看待第二层级到底是什么。在现实中，企业管理的含义涉及诸多的范围、诸多的内容以及诸多的技术，它们都没有向上触碰到社会工作（第三层级）与公共管理（第四层级）的成分。以下以一些案例的情形来更具体地看一下这里的内容。

2. 更多的情形可以归于第二层级

2.1 养老服务的场所

尽管上面的分析中将养老服务放到了第三层级，但其实养老服务的更多内容应该落在第二层级的范畴内。比如，养老院中房间与床位该怎样设置、各个服务环节该如何标准化，以及怎样发现老人身体不适、发现之后该怎样送去诊疗、诊疗之后回到养老院该怎样进行后续观察等，都可以进入标准化的流程体系。这样一些成分既没有触碰到第三层级，更没有触碰到第四层级，它就是第二层级的内容。所以我们看到企业家进入养老服务领域，实际上是大有可为的。凭借这些本事，企业家们已经在现实中开展起了有声有色的养老服务工作，只不过他们在接触到第三层级时，未必具备相应的能力而已。

2.2 儿童活动中心

儿童活动中心既可以存在于社区内，又可以存在于一个城市的整体层面，规模可大可小。进入活动中心后，可以看到里面的空间布置、各种设施，孩子在其中可以进行趣味游戏活动，还可以进行体验式的科普活动。我们需要思考的是，这些活动能否用企业家精神与能力进行管理？实际上，整个中心的活动完全可以通过"空间＋制度化＋组织化"的方式，建构起一套有效的流程化服务体系。企业管理的特长在这里大有用武之地，并且可以高效实现目标。

尽管从表象上看，这里存在孩子们的各种随意活动，但这些活动既不是人影响人的活动，也不是存在集体行动难题的集体行动。它在整体上仍然服从于一种制度化的、流程化的安排，虽然其中存在较大的自由活动空间。又由于这是一种促进孩子知识视野扩展的活动，所以它又自然地被放到了公共服务的范畴之内，并且政策还会安排免费提供。但归根结底，以企业家的精神与能力足以有效提供这种服务，所以，它便可以自然地进入第二层级的范畴。

2.3 医疗服务

前面讨论过儿童先心病救治的话题，说的是这件事情做到标准化、流程化后，将属于第二层级。儿童先心病救治的流程还可以包含治疗的环节，即将孩子送到医院后进入手术室，经过手术而治愈。医疗环节完全可以流程化，其中病人进入医院的检查化验、医生对他的诊疗、病情的判定，乃至于抓药出院，都可以经过一个完美的流程而完成。

其中，医生作为治疗的主体，也被安排到了流程中的某个特定环节。医生所掌握的医疗技术是其中的专业技术类型Ⅰ，它承载在特定的医生身上，一同进入流程。但一个医生在施展其医疗技术之外又可以展示仁爱之心，可以更多地为患者着想，可以平等、温暖地对待患者。而这一系列的做法都是在其医疗水平之外的一种新成分，它的目的是改善医生和患者之间的关系；它能减缓医患冲突，提升患者在治疗过程中的满意度。不得不说，这一叠加进来的做法正是第三层级的内容，正是它开始体现医生作为一个人而不只是一个专业拥有者所特有的成分。

这里得出来的结论是，医疗服务同养老服务一样都是以第二层级为主体；在此之上又可以叠加一定的第三层级的内容。

2.4 教学活动

将医生转化为教师也可以看到，教师的教学过程中也存在同样的流程化服务，比如一节课堂几点上课、几点下课，以及课堂上学习什么内容。甚至在小学，学生听课的坐姿、在什么情况下可以提问或学生必须回答等，都有一套明确的规则。老师因具有特定的知识水平而胜任他的教师角色，所有这一切都构成了第二层级的内容。

但教师也是人，他们一直都在自觉不自觉地表达着自己人性的成分。实际上，教师与学生的每一个互动环节，都在体现教师的整个人格参数：他在什么程度上是温暖的，在什么程度上对学生是尊重的，在什么程度上表现出了一种平等或居高临下的待人态度。所有这一切，都是第三层级的内容。

以上医疗和教学两大公共服务体系，都展示了其主体的第二层级性，以及在其上可以叠加第三层级的内容。其实，或许正是第三层级成分的叠加状况，决定了医患冲突的发生强度以及师生关系的紧张程度。它在某种程度上也意味着，一旦这两大服务体系被行政化的色彩所笼罩，那么教师和医生将在相当程度上对上级负责、对制度负责、对流程负责，而不对自己负责、不对服务对象负责，或许这可以解读出事业单位体系为什么是产生医患矛盾的土壤，以及为什么还会有"学校不春游了"的现象发生。

2.5 创新创业活动

创新创业活动可以是地道的商业活动，又可以获得公益机构的资助。它们因具有额外的社会价值而具有公益性，也可以在公益项目五层级中具有一席之地。

　　显然创新创业活动中的特长一定属于企业家领域，那么它该属于怎样的层级呢？显然它们完全没有资格进入第三、第四层级，更应该将它们放到第二层级之中。但一个矛盾的现象是，这里与流程化公共服务呈现完全不一样的格局与面貌，需要加以解释。或许可以这样来解读：这里的主体活动（即创业本身）并不是公共服务的成分，而属于商业企业的成分，只是由于它们额外溢出的价值具有公益性，我们才将它也划归公益领域，它们有第一层级的色彩。此外，创业的最终成果还是体现为一个企业组织的成活，体现为一个企业化生产管理或产品加工过程，所以它们被归到第二层级也未尝不可。

　　3. 一幅新的五层级结构图

　　经由一种新的分析，我们已经看到，第二层级的共性就是企业家的特长在这里运用得非常分明。它们向上没有触及人与人之间的服务，没有触及集体性的成分；在这里，企业家以其特长完全可以解决问题。此外，企业家的特长已经在这里得到了充分的施展，他们并不是简单地赠予资金或物资，这里是一种生产或服务的开展场所，这里需要组织化、制度化的完整体系。

　　如果要找一个词来加以概括性表达，那么完全可以将第二层级称为"企业特长型活动"。以此替换原来的"流程化公共服务"，由此，五个层级将构成如图2-2的格局。

　　与前文的图2-1比较，第二层级的说法发生了巨大的转变。二者的差异代表了观察第二层级的两个不同的视角，它们各有所长。其中图2-2更特征性地表明第二层级到底是什么、第二层级与第三层级和第四层级的关系是什么，从中更能看出企业家在公共服务提供中的特长所在，也可以看到他们的"天

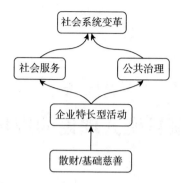

图 2 - 2　公益项目五个层级的另一种表述

花板"所在。

第三章

项目模式理论的应用

基于前面的分析，组织的核心竞争力是其项目模式。项目模式是公益或社会服务产品的"加工机器"，其中蕴含着技术含量，需要组织通过特殊的探索途径才能获得。这样一个结论，在公益组织管理以及相应的一系列公益运作体系中，都会有较为深刻的应用意义。它将颠覆我们诸多的管理经验与管理理论，把我们带到一条全新的 NPO 管理以及公益事务运作的轨道上。这涉及诸多方面，包括团队管理、组织战略、项目管理、传播与筹款、组织发展以及项目评估。以下将逐步展开论述。

第一节　项目模式与团队管理

一　从企业到 NPO 管理的三个台阶

在做公益组织管理时，许多方面都会移植企业管理的内容，其中许多的技术手法、运作原理是相同的。在学术上，公益组织属于 NPO，可以发现，以"NPO 管理"为书名的各种教科书或学术专著，其中的内容与企业组织管理高度相似。甚至关于公益组织管理的理论体系，都完全有可能是整套移植企业管理的既有内容。但二者的核心并不一样，其差异十分明显。更具体地说，从典型的企业管理到典型的公益组织管理，可以划分为带有质变性质的三个台阶，它们自下而上依次上升。将三个台阶勾勒清楚就可以看到 NPO 在管理上是多么不同于企业。所以，NPO 不仅不能照抄企业的管理，还要通过自己管理体系的建构来让企业向自己学习甚至引领企业管理。

1. 第一台阶：人操纵机器

在这里关注的焦点是机器，机器是企业生产的核心。关于机器，有这样四个要点必须特别呈现出来。第一，企业里的产品是机器产生出来的，所有的技术含量都承载在机器身上，你只需要通上电源、打开按钮，就可以让机器工作了，产品会由此生产出来。第二，机器是设计出来的，是可以引进过来的。所有的技术含量都通过特定的部件设计而内置于机器之中，一旦拥有这种技术，那么它将允许无限量地复制，因此可以从甲工厂搬到乙工厂来继续生产。第三，所有的工人只是围绕机器而转，工人不是产品的生产者而只是机器的操纵者，是机器在生产。第四，企业中的管理是对工人的管理，而不是对机器的管理。作为真正核心的机器被操纵即可。

正是这样四个特点使得企业里的生产与管理不同于 NPO。例如在公共服务五层级中，不管是第三层级的用心服务还是第四层级的动员参与，都没有一台成型的机器可用，所有的技术必须承载在人的身上，人就是"机器"本身。如果说我们的工作也可以借助电脑、手机等现代工具来完成的话，那么这些现代工具充其量只是一个辅助性手段，而主体性的生产力仍然体现在人身上。

一旦缺少了这样一些具有高技术含量的人，我们将无从生产出公益产品；一旦我们的团队成员缺少第三层级的技术或第四层级的技术，我们也就无法让自己的项目坐落这里。在企业这里我们是操纵机器，但在 NPO 这里，我们不能像操作机器一样来操纵人，于是形成了企业与 NPO 两大管理体系的根本区别。

2. 第二台阶：专业技术类型 I 成为"机器"

在某些企业中机器也不是核心，比如 IT 行业，那些具有高端技术能力的人成了这里的核心；或者是教育培训机构，那些培训师则成了企业核心技术的拥有者，这里也要依赖人。

企业管理也越来越依赖于人，并显示出与 NPO 管理的相似之处。但依据我们此前做出的划分，这里的人所拥有的专业技术是各行各业的单项技术，它属于专业技术类型 I，而并不属于公共服务核心区域即第三、第四层级领域里的技术。尽管如此，既然技术承载在人身上，就能看出企业管理由此也有了更高程度的要求，在这里对人的尊重、对人的人性化服务就被提上了议事议程。如我们无法用严格的坐班制来要求这里的员工，一种更自主的工作空间就显得重要起来。尽管在前面第二层级论述中，我们认为可以将这些专业人士也简化为一个原点而设计进第二层级的标准化流程之中，或者直接从各专门的学校引进合格的大学毕业生，把他们安排到特定的工作岗位上而按标准的流程体系运作，但他们毕竟是人，他们自身的感受将决定他们的工作效率。

3. 第三台阶：专业技术类型 II 成为"机器"

拥有专业技术类型 II 的人，是指拥有典型的第三、第四层级技术的人。这两个层级是公共管理的核心，最终必须以人为载体来承载技术。在这一点上其与技术类型Ⅰ很相似。

但技术类型Ⅱ又有了一个质变，质变点在于，这里的技术不仅承载在人身上，还体现在他们的人格之中，他们是谁，他们的尊严感如何、内心状态如何，这些都将影响他们工作能力的成长与工作流程的开展。

例如在第三层级提供社会服务的人，对他们的一些核心要求包括要用心，要有温暖，要有平等待人的态度，要善于接纳和尊重别人。缺少了这些品质，第三层级上的工作很难高质量完成。再如在第四层级进行工作的人，如果他们是在化解矛盾冲突，那么他们的人格就需要具有公信力，需要通过他们实实在在的人格表现而展示出这种公信力，而不是通过制度来表现。如果他们开展的是社会动员工作，那么他们就需要具有热情、具有感染力以及能量感，这样就能更好地把一个特定的场景激活，让人们进入。

总体来说第三、第四层级上的专业能力不仅是承载在人身上，而且是承载在其人格上。虽然在人格之外还需要拥有其他能力、思路、技术，但人格是核心。这是 NPO 管理的独特之处，在企业中这一点并不成为必要的要求和必需的前提条件。

二 NPO 管理的首要原则：自主性空间

以上面的管理三台阶理论为基础，就可以继续向下推演。其中企业管理的范围跨越第一、第二台阶，包含了两级内容；而 NPO 管理则通常包含第二、第三台阶，尤其是第三台阶的内容。二者之间是不同的。这要求 NPO 管理具有哪些核心性的要求呢？可以推论出来的首要原则就是自主性原则，它是指在公益项目运作中需要给一线项目官员以充分的自主性空间。原因可以从三个方面阐述。

1. 能力的发挥需要人格的显现

一线项目官员可以做社会服务工作，也可以做公众参与动员或矛盾冲突化解的工作。这需要他们具有特定的人格并负载各种各样的参数特征与能力特长，而这样一种活生生的人格特点是无法简化为一个原点的。一旦加以简化，将他们固定在特定的角色中，遵循流程化的前因后果或管理学的自上而下，那么这里将不再有人格的存在空间，只有能力或知识的存储空间。我们说一个学专项知识与技术的人，比如学法律、学教育、学工程的，他们可以在具体的点位上被简化为知识点，从而构成流程化服务；但是唯独需要用心、用尊严、用能量感这些具有人格成分的角色无法将其简化为原点。这就是同样是能力承载在人身上，技术类型 I 与技术类型 II 却存在如此差异的原因所在。

在公共管理中，有一个关键词叫"科层制"，它描述的是公共服务提供体系中的一种最典型的组织类型，即科层组织。在科层体系中，自上而下的组织管理体系将每一个人都简化为一个特定的角色，特定的角色又简化为特定的点位，于是可以让位于顶端的目标不加改变地自上而下传递下来，在基层得到实施贯彻。我们在这里所呈现的第一原则，恰好否定了这样一种科层制的体系，因为一旦一线人员做的是社会服务、公众参与这样的事情，那么就必须把自己的人格参数拿出来，让它发挥作用。

2. 能力成长的核心：人格的成长

甚至可以将推理更往后退缩：一个人在他尚且不具备特定的能力的时候，在他尚且无法高质量完成第三、第四层级服务的时候，他需要的是自身的成长，比如自身的领导力、自身的能量感、自身去爱别人与尊重别人的能力等。这种成长需要获得自主性空间，其背后的道理是：只有有空间它才能伸展出来，只有伸展出来才能成长。显然，这样一种第三、第四层级的能力与专业技术类型 I 并不一致，它们很难在培训机构或大专院校中培养出来，而必须在实战中获得成长，这就要求实战场所给他们成长的空间，而这种空间便是自主性空间。

做一个更为一般化的推论，当下公益组织的项目模式都处于初期阶段，大量的组织在探索自己项目模式的道路上，尤其是一线项目官员或组织的负责人，这其实说的就是这样一种逻辑：（1）专业技术承载在人身上而没有可供操纵的机器；（2）人的能力尚且不胜任，人们尚且没有对一个完整的关于项目模式是什么的理解，也不具有掌握其中各环节技术的能力；（3）结论：作为"机器"角色的人，需要在实战中边运作边成长。

3. 项目模式的成熟：其实是人学会了解决问题

具体的成长过程是，他们要亲自面对一线社会问题，需要使用自己的眼睛观察，使用自己的头脑思考，要就这些问题来不断试错，不断探索解决问题的路径。他们在一线的实践工作是探寻解决问题道路的关键途径，也可以将此更形象地表达为一台具有技术含量的机器正在设计和建构之中，因此就必须为一线人员提供足够的自主性空间，让他们有条件来面对问题并且有条件来探索解决方案。

以上三个方面都推论出，在公益项目运作过程中一线项目官员需要获得足够的自主性空间。这样一个核心要求是从企业到 NPO 管理依次上升的三个台阶中的高端台阶所特有的。如果违背了这一原则，那么一个公益组织很难让自己的员工成长起来，也很难让自己的公益项目得到良好的运作。

4. 自主性空间：激励公益组织内员工的潜力股

这里还可以稍加扩展，其实给员工自主性空间让他们探索和成长本身就是一种独特的激励方式，虽然我们不是为了激励员工才这样做的。其中的逻辑是：组织内可以通过收入与福利进行激励，还可以通过职位升迁进行激励。但这两个方面都是公益组织所欠缺的。除此之外，还有第三种激励资源，就是公益项目运作的专业性；还有第四种资源，就是项目目标的社会价值。但是，这里可以提出这样一种设想：只有在人们获得充分的自主性空间之后，第三、第四种激励资源才能够真正地成活。

三 组织如何实现功能整合？

通常我们都是用自上而下层层布置任务、传递指令的方式来实现组织整体目标的，如果给每一层级的每一个员工以一定的自主性空间就难免会产生组织功能整合上的困难，甚至让组织最后变成一盘散沙。怎样解决这一难题呢？以下三种方案或许值得组织思考与尝试。

1. "地毯式"行政

1.1 谁来负责行政事务

首先将组织中事务划分成行政与专业两个方面，将行政事务独立出来。行政方面主要是指项目的整体时间的掌握，该目标应该分解到哪一个项目组、哪一个具体的人头上等一系列的整体性安排活动，等等。

行政的统领者需要保障任务按时完成，需要协调大家的行动。但人们有一个习惯，一旦让他负责这样的工作，他便很容易去分解任务、分派目标、指挥别人。对此一个有趣的尝试就是，让一个团队中资历最浅的人来负责行政支持，让他负责项目团队在特定时间内的目标实现，让他对结果的按时实现负责。为此，可以授予该角色负责行政的各种权力，让其来组织、协调与服务或支持。由于一个资历尚浅的人还无法对别人指手画脚或下达行政命令，因此这样一种行政支持专业的模式就可以得到兑现，其中的运作机制是统领行政者必须对目标负责，而他又有统领协调大家的权力，于是他便借助这种方式让大家有效地展开工作。

1.2　行政事务的重新定位

当然这时我们也将"行政"重新定位，它不再是居高临下的权力，而是自下而上的服务。正如同在地面上铺上一层柔软结实而平坦的覆盖物，然后可以在上面进行专业化的舞蹈。

实际上，在当下的政府体系中，我们也一直在推进服务型政府建设，我们希望将权力转化为服务，但由于制度设计中这些行政事务的责任者，同时也是行政权力的拥有者，因此真正建设服务型政府面临很多困难。这样一种在整个社会体系中很难实现的局面，在一个组织内却拥有了落地的可行性。尽管我们将行政事务定位到铺垫地毯的层面上，但它的功能并没有改变，它仍然包含着团队运作的整体目标的按时实现、保质保量的实现，仍然需要协调和调动团队内各员工的能力与积极性。

1.3　行政事务的实现方式

在地毯式行政模式下，每一个项目专员的自主性空间得到了保证，而相应的行政需求也得到了支持。甚至其中还包括，有人给其安排出差时间，有人帮着买票，有人帮着做好了基本的联络工作，项目官员只需要将自己的核心能力发挥出来即可，由此形成了一种与传统的自上而下的科层体系所不同的项目行政方案。

由于行政事务的目标是什么、谁来负责等都是大家的共识，都得到了大家的承诺，因此这其实是依靠一种民主的权力实施的。如此这般的行政事务安排就可以保证每个员工在具有自主性空间的同时还能服从于组织的整体安排，每个员工的功能整合在一起，共同走向集体的目标。

1.4 专业负责人的角色

在该模式下也有一个专业事务负责人的角色，即通常意义上的"领导"。专业负责人需要将自身的专业能力贡献到整个团队目标的实现之中，但在整个行动安排中他需要服从行政负责人的统一调动。他在专业能力上的特长使得他在最初做行政目标安排时有更大的发言权，也使得他在具体执行过程中可以随时提出建议、修改行政目标，但是在尚未修改之时他是该目标最有力的支持者，他的专业能力特长也在行政负责人的协调安排范围之内。

1.5 行政负责人的成长

行政负责人只是在资历身份上处于最底层，并不代表他的人格不被平等地对待。他所做的行政事务位于底层并自下而上地支持大家的工作，但正是这样一份服务型工作让他在团队中得到了历练，领导力会获得飞速的发展。

虽然他没有行政权力并且资历偏低，但他仍然需要对最终目标负责，而且无条件地负责，这时他就必须通过提升自己的领导力的方式来实现目标。

2. 管理"镶嵌"服务

可以聚焦于养老院这样的社会服务场所。在这里有作为服务对象的老人，有一线的护工，还有更高端的管理者，他们来管理整个服务体系，尤其要管理好护工的整体工作。于是就形成了"管理者→一线护工→老年人"这样一个三层级的结构。在该结构中，从第一层到第二层是管理关系，从第二层到第三层是服务关系，于是一种管理学悖论就产生出来，表现为：一线护工为老年人服务，这是一份极其辛苦且需要增能支持性的工作，他们的工作通常不分日夜，还会面临老年人随时离开人世的精神打击。如果在他们的顶层能够形成一种支持性结构，则工作的开展会更有力量基础、更有后盾；但是，管理者对护工通常是一种自上而下的管理，甚至是命令式地布置工作、检查任务、实施考核。

其实不光养老服务是这样，幼儿园的幼儿活动体系也是如此，在其他社会服务类场所也大抵如此。于是可以提出一种大胆的设想，即将自上而下的管理思路转换为自下而上的镶嵌式结构，即管理层位于最底层，他们镶嵌着一线护工的工作体系。镶嵌大致还有支撑的含义，并且直观理解，被镶嵌者应该价值含量更高，类似于"金镶玉"的情形。这样一种管理镶嵌服务的结构既让一线护工得到了有力的支持，减免了那些损害尊严性和自主性的控制，又让机构的整体功能得以整合而不至于分裂和散架。

3. 流程化成分镶嵌自主性成分

一个项目可以形成一个流程化的底座，然后在其上镶嵌许多的自主性空间。前者属于公益项目第二层级的内容，后者则位于第三、第四层级，或者更高的层级。这实际上是将公益项目设计成第二层级与其他通常是更高层级的混搭结构。其中第二层级内容负责基本的运作流程，由它搭建项目运作的基本框架；而在其上，则允许更多的更为自由、自主的成分。

四 如何保障公益项目的质量

1. 问题的出现

在组织运作中又会面临另外一个挑战，即面对一项特定的任务，我们不仅需要让员工的能力得到成长与发挥，更需要让组织的最高水平在项目中得到体现，以便以组织最佳的专业水准来完成目标。如果放任项目官员，让他们拥有充分的自主空间，那么就会面临这样的挑战：质量如何保证？

2. 给员工自上而下的支持

其实对于这一苛刻的问题，我们仍然能够找到相对理想的答案：一个项目团队中，只需要有自上而下的拥有专业能力的支持者即可。支持者拥有专业能力，但他们并不掌握行政权力，与上面所说的行政权力的拥有者相分离。因而虽然专业能力拥有者通常是组织内的资深人士，但他们在项目运作中并不是发号施令者，而更像是一位机构外聘的专家，他们不对机构的整体目标负责，却对项目的质量负责，在别人遇到困难时需要得到来自这里的支持。而他们则要保证，通过这种支持既让底下的人获得能力的发展，又最终保证项目质量达到要求的水准。

在具体运作中，专业支持者发挥作用的方式可以包含以下几种。第一，项目启动前带领大家来分析讨论，制定一个有关该项目的单一战略，即该项目的定位怎样、对它的解读如何、该通过怎样的路径去实现怎样的目标等，这整个一套微型战略体系包含关于该项目的具有专业技术含量的解读。第二，在项目具体运作过程中，要负责随时解答来自下面的问题，解答他们的疑惑，并在收集具体事实之后给大家进行解读。第三，在项目接近完成时，专业支持者要重新以重要的角色身份出现，带领大家把项目报告的整体思路梳理清楚，甚至搭建起一个能有效表达结论的框架，细节处的具体工作可以让一线官员来完成。

经由上述三个环节，专业支持者充分发挥了自己的引领作用，与此同时，一线官员在其中也获得了充分的能力发展，因此在这种模式下一线项目官员既有自主性运作的空间，又有来自上面的支持，一幅最有效最美妙的项目官员运作模式图被勾勒了出来。

这里讨论的是自上而下的专业能力支持，有的机构在专业性支持之外还强调自上而下的纯粹增能式支持，即位于组织结构上层的人员要全面性地支持下层的人员，内容可以涵盖专业性、资源提供、心理支持等方面，从而形成一种与传统的自上而下控制所不同的结构。这种结构被称作"倒灌式增能结构"[①]。

与此同时，它也形成了一种组织的顶层（Upper，简称"U"）与底部基层（Bassic，简称"B"）工作人员的特定模式。由于自上而下的支持性特色，这也被简略地称作"U + B"结构，用以指明这样一种特定的上下级关系。或者更形象地说：传统上从上往下是控制式的，而现在则是支持性的。其结果是：底下的"B"拥有自主性的空间，保证了自己的责任主体地位，其创新性、积极性、责任心都得到了全负荷的开张；

① 朱照南、陶传进、刘程程、叶珍珍编著《基金会分析：以案例为载体》，中国经济出版社，2015。

而"U"则将自己的专业能力、资源能力、能量感等都施加到了 B 之上，最终形成了 U 和 B 一并行动、优势互补的新型行动结构。

3. 具体案例分析

A 是一家给乡镇贫困地区人口做物资支持以及群体增能的机构，组织负责人也逐渐认识到自己需要给一线项目官员以特定的自主性空间，以便让他们获得能力的成长空间。但在按照该模式运作一段时间之后发现，一线项目官员仍然处于一种人格封闭状态，外观的显露是"很沉闷"、不敢表达、没有主见。不仅如此，连组织的基本运作规范也逐渐丢失。到了最后，机构负责人很愤怒，并且开始质疑这样一种给员工自主性空间的管理方式。为什么会这样子呢？这就需要深入群体内部进行了解。

访谈之后发现的第一个问题是，项目官员虽然有了自主空间，但他们并不知道该怎样做事，缺少专业化的知识，也没有人告诉他们该怎么做。其次，他们也并没有获得机构上层的心理支持，相反他们在获得自主性空间之后变得忐忑不安，因为一段时间之后，就会担心来自上层的拷问甚至指责。这样一种氛围使他们变得很压抑，这与那种自上而下的增能结构完全不同。

还有，这里甚至没有一个托底性的行政支持体系，因为他们在获得自主性空间之后并没有一个整体规划，行政和专业也没有分开（行政兜底，专业则积极探索），导致基本的运作规范都会丢失或混乱，如一个项目官员离职后，新来的一位就会重新摸索，而没有一个基本的续接机制。

到此，案例分析完毕，但它给我们的启发刚刚开始。什么是自主性空间呢？其实，并不是给人自由裁量权，而是将一个人的内在动机全部激活，让他全身心地投入当下的空间。其中可以梳理出的几个核心要素是：

- 一个人具有明确的问题意识，它会面对社会现实、发现并抓住要解决的问题而不放；

- 它会将解决该问题作为自己的使命并采取一切资源发展相关的办法加以解决；

- 它能够并且深知自己能够获得上层的全部支持；

- 这种支持丝毫没有影响自己的自主性，相反还会促进由自己的自主性所营造出来的生态体系的发展。

五 增能型领导

上述关于自主性空间的论述，对公益组织的领导人提出了格外苛刻的要求，要求他能够营造出这样一种管理氛围，给员工以有效的自主性空间。这时对于领导者就有了很高的要求。

1. 领导者要有专业能力

只有领导者的专业水准高，他才能够以"U + B"结构的模式将此递送到对员工支持的轨道上。甚至可以细分：机构领导人支持项目主管，项目主管支持基层项目官员。在另外一些情况下，机构领导人可以聘请外来的专家对团队进行自上而下的专业性支持，但是新增一个组织结构环节就会提升复杂性，操作起来并不容易。

2. 领导者要擅长对其下属进行增能

要让下属感受到领导是在支持他们，与他们站在同一立场上，面对同一目标而努力，而不是感受到控制式压力。这时可以从社会服务的角度来理解增能的概念，还可以从社工专业的视角来理解他的操作手法，因而这里就不加展开。

我们通常会缺乏这种手法，自上而下的体系通常会用管控的方式来保障底线，而很难学会用自上而下服务的视角来提高自己的影响力，激活对方的内在动机，形成二者捆绑到一起的行动结构体系。

这样一种增能式服务，实际上起到的是一种深度激励的作用，将员工的整个人格体系激活，让他坐落到特定的项目领域，由其内在动机出发，致力于解决特定的社会问题。这里的原理与一般的组织行为学或许没有本质的区别，但它在具体内涵上有了层级的上升，它激发的是一个人的整个内在体系，且达其上限，即理念也发生改变的程度。这样一种增能效果与专业能力支持的效果结合起来，将会让一个人获得彻底的解放，获得真正的胜任感，因此实现了公益组织中最有效、最高层次的员工激励。

3. 领导人具有组织内的行政管理的视角

他需要将不同项目组、不同专业人员各自的成果整合起来，朝组织的目标前行，而且他还需要对具体的项目团队有一种细节的把握，因此可以知晓其具体项目团队中的行政与业务的关系，制定一套良好的项目团队运作规范。

4. 管理者的能力上限决定组织发展

一种场景描述：一家公益组织去帮助贫困地区的农民参与进来、获得增能、提升自我解决问题的能力。一线项目人员要实现这一目标，就需要学会尊重当地公众，通过欣赏与鼓励他们的方式让他们获得被认可的感觉，获得自信心。但有些时候一线项目官员做不到这一点，甚至结果恰好相反，一些互动反而让村民感受到自己无所事事或没有特长。

公益组织的负责人看在眼里，之后便提出了严厉的批评："你们所说的那些话，让村民觉得自己一无是处。这是在做公益吗？"然而，略显荒诞的是，这样的组织负责人，也会让员工觉得自己一无是处。而这样的员工，是不会为他人增能的，因为他自己没有能量感。

组织负责人是让员工感觉到自己一无是处，还是让他感觉到自己颇有信心，这是两条泾渭分明的管理方式，这取决于在机构负责人眼里，他人到底是什么。可以将这样一个道理更形象地表述出来，即公益组织负责人的人格高度，决定了公益机构的"天花板"。

公益组织负责人可以有更好的做法，他们可以以平等温和热情的方式来与大家打交道，因此温暖的链条是从上往下传递的，而不是将温暖的链条传递成严厉和训诫的冷冰冰的寒流。而在项目专业性方面，其也可以呈现为自上而下的能力支持的状态：组织领导人时刻等待着员工向自己咨询，他们对于整个项目运作、项目目标扮演最后兜底者的角色，他们承担最根本的那一块责任，因此运作项目的自信和坦然也是自上而下传递的，并且在自信和坦然下解决问题的能力可以随时通过"U＋B"的模式支持。

但是接下来的问题是，如果公益机构的负责人本身在项目运作中是在突出自己的存在感该怎么办呢？这种情形并不是不存在的，很多人实际上也在通过组织团队运作项目表达自己的价值追求，甚至存在感的追求，因而就将一种高屋顶的架构转化为一种他和大家之间争抢存在感的空间。

提问可以继续，如果这名组织负责人对于项目目标并没有专业性的把握怎么办呢？显然我们给出的答案是：你撤出，让有能力的人来管理。但是一位领导者既然已经到了这个位置，他并不愿意轻易退出，他至少可以用布置任务的方式来施加给每一个人一个他要求完成的目标，然后用行政指令的方式来逼迫对方完成，最终组织形成了一个自上而下的指令体系。当然我们知道这样一种布置任务和严加控制的方式是无济于事的，最终组织会把项目团队成员压垮，并且项目目标不会保质保量完成。

将上述两种情形结合在一起看，如果一名组织负责人既缺乏专业能力但又愿意"刷"存在感会如何呢？那就会形成恶性循环，他没有专业能力就缺乏自信，而缺乏自信就更愿意"刷"存在感，这个时候就容易将一个项目团队带入死胡同，最终项目垮掉。

但其实这里更应该从正面来说。当一名组织负责人拥有胜任的专业能力，拥有坦然的人格状态，拥有平等接纳别人的心理状态时，他就可以将团队纳入其中。让别人感受到自上而下递送下来的专业支持和心理支持，感受到整个项目团队的氛围，已经被领导者确定为一种特定的积极状态，并且他的人格高度决定着团队的整体氛围。

谈到管理者就涉及公益组织与企业领域两类不同领导人的话题。有时公益组织更愿意从企业那里招募项目管理人员，因为他们有着清晰的逻辑思维和明确的目标意识，公益组织的确需要他们，当一个公益组织有一定比例的第二层级的项目内容时就更是如此。

公益组织通常理念色彩过重，或没有经过特定的企业管理的训练而忽略了第二层级的那些逻辑，于是就会产生组织运作效率低下、激励不足等问题，甚至会在机构整体层面，丢失责权利之间的平衡。这时，一个具有企业管理精神的人会看在眼里，他们可能会对公益组织这种管理方式颇为不解。

但问题是，企业管理专业的人，又会将自己管理的"天花板"设定在第二层级，很难上升到第三、第四层级，他们甚至没有这个视野，于是也很难将团队带到第三、第四层级。更有甚者，第二层级上的管理仅用自上而下的指令体系就可以解决问题，只要流程设计准确，把每一个人分到特定的点位上，控制他们的行为就可以解决问题，第三、第四层级却需要以项目团队的员工为核心，给他们空间，对他们进行支持，因此企业管理者将不再适应这里的情形。

最终看到的是，公益组织通常既需要具有企业管理精神的人，又需要对他们进行超越，作为管理者所需要具有的技能、所需要克服的难题是多么具有挑战性，由此可见一斑。

六　公益组织的发展问题

公益组织中特有的专业性要求，也对项目负责人/组织机构的负责人提出了极高的要求。

1. 机构的发展

公益组织该如何发展，是当下一个急迫需要解决的问题，它艰难而具有挑战性。

公益组织的领导人都会有这样一种体会：机构急需特定的人才，但能够胜任的人才却远远不足。对此，一个常规性的做法是到社会中招聘人才。但接下来就出现了一个关键挑战：公益组织没有能力提供高薪，因此无法聘任到能够胜任的人。

上述情况的确如此，但其中或许蕴含着一个致命的错误：我们误认为所招募的具有企业管理经验或学位的人，就是自己的机构所需要的人才。在自己高薪聘请一个组织管理者，让其成为机构的秘书长或主任等职位之后，却并没有达到预期的效果，甚至还见到诸多将组织带入死胡同的案例。为什么会这样呢？回到上面分析的结论中，公益组织核心技术的承载者是自己的员工，而要形成这样一种核心技术就需要在自己的组织内，在自己特有的项目上不断探索和积累，最终形成解决问题的能力。尤其是当组织的项目位于第三、第四层级，它们具有很高的技术含量，具有很高的类别特征，因此就很难在自己的组织之外招募到具有该项能力的人。

简而言之，能力是有特异性的，是针对特定的项目层级、项目领域和领域中的具体类型而设置的，因此很难从组织之外发现这样的人才（如果另一家项目相似的机构拥有这样的人才，他们也不会轻易放人）。而当我们曲解项目运作能力，误认为它是企业式的组织管理能力时，就会花大价钱聘人，但其未必适合自己的机构。企业家可以具有第二层级上的管理能力，但我们恰好是在第三层级或第四层级运作。

可以逆向思维，考虑在自己的组织内培养员工，让他们有一个成长的时间。自己培养不仅不是坏事，反而是组织正常的健康发展之路。其实，不管这位员工在起点处是高能力素质的人还是一般平凡的人，他都需要发展，而当把他放到发展轨道上时，你会看到原来认为高能力素质的人未必能够满足你的意愿，相反那些被认为一般平凡的人，一旦激活他的发展动机，则会产生令人意想不到的效果。

在中国现代公益领域最早期的发展阶段，国际机构在扶持中国本土公益组织发展过程中，核心理念之一就是信任自己所帮助的对象，认为他们能够参与进来，具有解决问题的能力。许多人正是在这一过程中被激活并快速发展。其中还有许多的故事，如政府体系内的某个人被借调到公益组织，与公益组织合作，公益组织用他们自己的方式带他进入一种新机制，让他发挥作用，结果一年之后回到原单位，其整体面貌令人们刮目相看："原来他和我们最初看到的是如此不同。"

组织自己培育人才具有门槛低、节省成本的优势，同时又将人们纳入被尊重、重发展的轨道，最终所要付出的"代价"几乎就是时间问题。其实，纵览当下公益行业，我们所需要的就是时间，就是随着时间而展开组织能力的积累。但令人感到遗憾的是很多组织已经花费很多年的时间，但时至今日，其能力与最初阶段相比并没有明显的提升，这才是令人痛心的地方。

当然在时间之外还有一个前提条件需要注意，即在员工的发展中我们需要有正确的轨道，而上文恰好将此轨道梳理出来，既要让他们有自主性空间，直接面对社会问题，引起自己的思考，也要有来自上层的支持，这样一种支持就如同师傅带徒弟一样把他们带到专业化的轨道上。当一个组织最顶层的负责人都没有这种专业能力时，则可以从外面聘请专业人员予以带领。最终甚至可以简化为一个公益人才成长公式：

员工的起点水平＋组织内的赋权＋顶层的专业化支持

＋员工直面社会问题＝员工能力的快速提升

这一公式对员工的能力要求并不像人们想象的那么苛刻，对组织薪酬的挑战并不像我们想象的那么大，只要公式被正确运用，组织的运作就可以进入良性发展的轨道上。如果希望机构能够快速获得专业性的公益人才，那就尽可能在上述几个变量方面下功夫。

2. 公益行业的发展

在公益领域发育的初期阶段，人们同样急迫地期待着领域整体上的规模扩大与能力增强，而能带给领域发展希望的是，让那些已经做得颇有成效的组织把自己的成功经验复制给其他组织，即所谓的规模化扩展。例如某一环保机构，他们在某市能够成功地解决一个问题，我们就希望它将这种模式带到另外一个城市，带给另外一家组织。而恰好公益领域的资助方发现了这样一种扩展的路径，于是他们就出资加以支持。

这种思路在企业的建立与发展中会被充分利用，并被认为是优秀企业生产模式的有效扩展途径。但这样一种模式在公益领域中还是否适用呢？需要怎样的附加条件？项目模式的概念给了我们回答这些问题的基础。以下三种情形，都需要得到格外的关注，其中都蕴含着某种不易意识到的陷阱。

第一，关于怎样解决某一问题，一家组织甲已经找到了答案。这里的人们既解决了问题，又将此答案梳理出来，将项目模式表达清楚。其中，节点问题是什么，解决节点问题的项目模式与技术要件如何，都得到了有效回答。接下来就需要将甲的模式移到乙处了。人们会认为，只要资金到位，接下来的工作就顺理成章自然完成。但是，在公益组织中，技术含量是承载在人身上的，而不是机器，于是机构甲的技术无法简单地递送到机构乙。实际上，机构甲的能力特长表现为他们已经拥有了一个能够掌握这种运作技术的团队，团队成员掌握这些技术花费了数年时间，他们不是一般性的人力资源，是针对该项目类型所特有的人力资源。所有这一切，机构乙都是不具备的。要想将甲真正复制过去，还需要在机构乙这里进行真正意义上的员工成长培训，这比企业员工学会管理一台机器的培训不知要复杂多少倍。这就是问题的根源所在。

第二，机构甲具备了解决问题的能力，但他们并没有能力将自己的项目模式说清楚，他们甚至都不知道项目中最重要的节点问题是什么。但由于他们已经显示出解决问题的能力，因而，就很容易吸引到资助者，用于支持其项目模式的规模扩展。这时，规模扩展的挑战就又增加了难度：由于甲方不具备自身技术的"说明书"，因而，他们就不知道该如何将自己的技术送给别人，乙方在学习的时候，通常会感到一头雾水。

有这样一个现实中的案例：在我们进行水环保评奖时，某环保组织 Y 谈到了他们正在接受资助，学习另外一家运作更为成功的环保机构 S。S 运作的成功有目共睹，因此 Y 跟他们学习将会大大提高解决问题的能力，但是经过几个月的对接，Y 得出的结论是：他们的模式无法复制，至少无法复制到我们这里。

这样一个结论令我们感到十分意外，于是就跟他们对话，经历十几分钟的对话，将 S 的项目模式做一番更透彻的梳理，最终 Y 恍然大悟："原来要点在这里呀，我们并没有理解到这一点。"为什么对于一个成功的项目模式别人有可能理解错呢？这是因为表面上的做法与实质上的道理并不是一回事，道理经常隐含在做法的深处。

第三，关于项目模式的推广，还有一个更大的"坑"。一家运作稍有成功的组织，不是致力于梳理自己的项目模式，而是热衷于写《××项目指导手册》，用于指导别人。现实中不乏资助方花费大量资金资助机构开发项目指导手册的情形。但问题是，这些项目指导手册倾向于沿着表面现象做文章：第一步该做什么，第二步该做什么……它根本不是项目模式，只是组织甲用自己的技术手法和背后的道理体系做事情之后的表面形式。沿着这种表面形式，另外一家组织做的时候不仅无法把握住解决问题的精髓，而且还会流于形式，误认为自己已经具备了相应的技术。严重时，遵守纯粹的形式化动作，还会将模仿者引向完全的无能为力。

需要额外说明的是，简单项目的情形可以不遵守上述原理，例如第一、第二层级上的项目。由于社会组织领域通常具有深度解决社会问题、满足社会需求的目标，因此他们经常位于第三、第四层级上，因而，技术的理解与掌握，以及目标团队的发展才是规模化的关键。

第二节　项目模式与组织战略

一　一些公益组织的荒诞现象

组织战略是一个严肃的话题。表面上看，一家组织进入社会中运作，如果没有明确清晰的战略，就会给人一种没有头绪的感觉。更何况我们在现实中看到越来越多的组织已经加入寻找专业队伍、制定自身战略的潮流之中。

但在此背后，很少有人清楚自己要在什么时间制定什么样的战略，甚至人们花了钱、制定了战略后，却并不理解这一战略的含义，他们认为，只要是专业机构帮着自己制定的就行。

在一次培训课上，一个由十家机构组成的讨论小组，推举出其中的一家机构代表，到台上来呈现他们的战略。呈现的结果特别像教科书上的内容，能够给人以关于战略的标准答案，其中包括："我们要在五年的时间内将自己的活动覆盖到全国××所学校中，人数上要扩展到××人。为了实现这一目标，我们将在三年的时间里投入××资源，做出××行动，实现××子目标。"但是，接下来继续往深处追问：你的项目模式是什么？即要解决什么问题？如何做？其中的技术含量是如何体现的？这位呈现战略的人都回答不上来。

事实上，该机构在数年的运作中已经面临外界的质疑，其项目目标也做过根本性的调整，但时至今日仍然未能说服自己。连自身产品都未能说清楚，却可以在战略上说得"清清楚楚"。没有产品而有战略，其中的荒诞可见一斑。

后来，我们又见到了该组织的负责人，与他谈到了他们的战略话题。对方笑着说："我们也一直在迷茫这个话题，我们只是关注了量的增长，而至于量的背后是什么，我们自己也一直在思考。"至于为什么要这样做，对方笑着说："这不是领域中大家都默认的做法吗？"

二 两种战略思路的比较：自下而上 VS 自上而下

当前公益组织战略制定的思路和方法主要是借鉴企业管理，也就是自上而下的目标分解的方式。

其典型特征可以构想成诸葛孔明在南阳就勾勒出未来三分天下的局面。其中包含有：最终目标是什么，通过怎样的路径接近该目标；还可以分解到更细的路径环节中，如从哪切入、后续怎样跟进等。在自上而下的战略思路下，通常的战略制定过程是：从组织的使命、愿景出发，将总目标分解为子目标，再细化到具体的任务方案。这一过程体现的是一个"从未来到当下""从高远到落地"的拆解路径。

自上而下的战略具有对未来的前瞻性，它可以将自己的组织定位明确，立意高远，从而在更大的格局下把握自己组织的运作。但它的问题是，有时候我们连自己的组织是什么、自己的产品是什么都不知道，这时的设计更多的是凭空臆测。

项目模式的概念给公益组织制定战略提供了一个与常规做法不同的路径选择，即自下而上式，或者叫作有机生长的方式。具体来说，就是基于"产品"的生产加工能力，沿着特定发展方向将现有资源最大化利用，这一过程体现的是一种"从当前到未来""从地基到屋顶"的建构路径。

项目模式的概念告诉我们，在项目模式初步成熟之前，人们暂且无法确定组织的未来。这时更适合的做法是依据现在组织拥有什么而不断自下而上地成长，让组织的项目体系慢慢展开。而在项目模式成熟、项目体系成长之前，我们无法做出更多对于未来的预期或规划，这时的"分析"充其量只能是一种"臆测"，或是一种模式化的畅想罢了。

在这种情形下能够拥有的，只是关于未来的一个定位，因而能根据此定位确定行动的方向。而其中的具体模式、数量构成，则是需要在发展中进一步清晰后才能逐渐确定的事情。于是就产生了"自下而上的战略"这样一个概念，它是指我们让组织自下而上慢慢奠基，形成自己的项目模式，在此过程中只要确定未来的定位或方向点即可。最终这里遵循的原则是让组织沿着特定的方向，在特定条件下使资源最大化利用，基于现有资源走向未来。

将两种思路做一对比，我们发现自上而下的战略思路在企业领域适用于成熟的产业，对公益组织而言则需要已经形成成熟的项目模式，否则很容易形成上文案例中提到的"战略清清楚楚，产品不明不白"的荒诞局面。而自下而上的战略思路不过多强调组织的目标，也不仅仅停留在使命、愿景、价值观等理念层面上，而是关注当下，更为务实，使组织基于现有资源沿着特定方向奠基，在这一过程中，项目模式不断成熟，项目体系得以成长，组织也得以发展。

三 项目模式与战略目标的互动

战略需要展望未来，展望的依据是自己的内部资源优势以及外部环境条件。内部资源优势中最核心的则是自己的技术体系，在公益项目中则是项目模式，因此项目模式的拥有是公益组织掌握未来的最基础性依据。只有拥有了它，才可以有资格面向未来进行组织的前瞻与勾勒，看一下在三年、五年或更长久的未来自己的机构能够挖掘出怎样的社会价值潜力。

但有时思考的逻辑又正好反了过来，我们或许会先前瞻到有一种社会价值的潜力点位于前段，于是我们就回过头来准备资金、准备技术，尤其是准备项目模式这一核心技术，然后通过它来走向未来的目标。比如，我们也像诸葛孔明一样在南阳就构想未来的天下，在构想中发现中国西南部这一大片土地，这里可以凭借天险而割据一方并最终图谋天下的统一。当这一潜力点豁然开朗地展现在自己面前时，剩下的就是去寻找能够胜任的一代明君，连同他手下的文官武将，以他们做依托最终开疆辟土，实现宏图大略。

在这里明君、武将、文官等对应着公益项目中的项目模式，项目模式与未来社会价值潜力点的挖掘又呈现为一种互馈型关系。一方面，只有当拥有特定的项目模式时，我们才更容易展望未来的某一价值潜力点，通过自己手中的工具或手段实现别人无法实现的价值。例如你拥有建构合作社的本事，你才会看到将其应用到某一贫困地区，将农民组织起来合作养殖长毛兔会起到怎样的增加收入的作用。

在另外一些情况下，我们对价值潜力点的洞识本身就可以包含项目模式的一些要素在内，甚至未来这一片光明的格局本身就可以包含项目模式的一些核心要素在内。例如我们看到一个离某大都市不远的具有旅游潜力的村庄，在这里通过民宿的建构最终吸引来了游客，获得了可观的经济收入。这样一种经济收入上的光明前景本身就包含着民宿的建设，包含着民宿的经营以及客户是谁、客户量多少等要素。随着这一目标点越来越清晰，它也越来越包含着更多的实现它的路径信息。

以上两种情形归总起来，实际上说的都是项目模式与未来开发的价值潜力点二者之间的互动与互馈。它们都涉及组织核心技术是什么，未来开发的潜力点在哪里，如何通过自己的核心技术而走通路径并最终到达这一价值点的位置上等方面。

以此为基础再反观我们所做的组织战略，其中既没有关于我们自己是谁的深度剖析，又没有关于未来价值潜力点的蕴含所在。它仅仅是自己在当下所做事情上的一个量化展望，把一个纯粹的量值当作未来潜力点的代名词，从中看不到它的蕴含场所、潜力来源，看不到它与自己机构的核心技术特长的内在关联性。这种纯粹以制定战略本身为目标，为了战略而制定战略的做法，正在浪费公益组织大量的资金与精力，模糊了公益组织真实战略勾勒的实现道路。

四 组织战略与机构治理

机构治理与组织战略有某种深层次的关联，它们都是相对于项目运作而更宏大层面上的事情。组织治理通常是以理事会为核心载体而展开，在理事会开会中也会讨论组织战略的话题，其典型的形式是听取前一年的工作汇报，然后批准下一年的工作安排。在后一个环节上它与组织制定战略的思路颇有形式上的相似性，甚至它就是战略体系的年度展开。最典型的形式是，自己的机构要在资金量上达到怎样的规模，在组织所占据的地盘上要达到多少家、占据多少省份或进入多少社区，等等。

　　但作为公益组织的理事会成员，我们知道，这样一些表面上的战略到了年底很难实现。不仅如此，它对于年度开展活动也并没有实质性的指导意义。其原因就在于，机构年度开展活动需要的是在组织正确发展方向上，将现有资源做最大化的开发与利用，其中核心难点就是如何让自己的项目具有技术含量、具有解决社会问题的能力，而并不是让项目在低端水平上向外重复式地扩展。与此同时，当项目尚处于初期发展阶段的时候，并不应在战略中去设计未来该如何依据这些项目，会产生多大的社会影响，以及能筹集多少社会资源。

　　项目团队成员或许比理事会成员更有资格把握现实运作的各种情形。作为来自不同领域的专家或资金资助方的理事，他们的特长是对组织使命与定位的把握、提供来自不同领域的专业支持以及提供资金支持，而非将一种宏大的定位体现到组织的具体发展规划上，至少多数理事尚不具有这样的能力。相反，按照"U + B"结构的思路，组织的治理应当将更多的空间留给项目团队，让他们直面现实问题，探索解决问题的思路，让他们在探索的过程中能够获得理事会在政策与专业能力方面的支持，同时也能获得资源方面的支持。

　　因而理事会就沿这条脉络被卷入机构治理中，形成理事会支持秘书处、支持项目团队的格局，也就是前面所说的"倒灌式增能结构"。因此一家治理良好的公益组织一定要将自己的组织治理模式真实有效地落实下来，而不要盲从教科书上告诉我们的种种形式。其中关键性的观念转变就是：第一，要把原来的目标分解式、量化式的战略形成方式，转化为自下而上的；第二，在给项目团队运作空间之后，也要给他们以各方面的支持。在此基础上，大家一同探索出一条在现有资源条件下，在组织定位既已确定的情况下，让现有资源最大化的道路。

第三节　项目模式与项目管理

一　项目管理中的漏洞

做公益项目，一个无法回避的概念就是项目管理，项目管理曾经被认为是公益项目运作专业性的核心体现。在由民政部门组织的社会组织等级评估中，项目管理的分值也体现出了人们对其的看重。与此同时，关于社会组织能力培训的一些机构，也会在项目管理上格外下功夫。项目管理概念之所以被如此看重，就是因为在其背后有一个核心假设，那就是一个项目设置下来，其运作的成败在相当程度上取决于项目管理是否规范。

然而，在现实中，诸多社会组织的项目管理存在严重的漏洞和问题。

我们先来看一个场景，这是在一次培训课上发生的故事。课程的学员是来自全国公益组织的 100 余位项目运作人或组织负责人，我们把他们分到十个小组内，每个小组单独讨论，然后大家就以下三个议题选择一个进行讨论得出示范性答案，然后到台上来向大家呈现。三个可供选择的议题分别是组织战略、项目管理、项目模式，要求大家只能在这三者中选择一个。经过半小时左右的讨论，十个小组准备完毕，最后他们的选择情况是：一家选择项目管理，两家选择组织战略，七家选择项目模式。

首先让这家选择项目管理的小组派代表上来呈现，其呈现方式显示出项目管理人员的特长，他们以绘图的方式把项目管理呈现出来，其中包括团队该怎样管理以及项目该怎样立项、该怎样运作、该怎样监测评估等。有趣的是，当接下来问"该项目管理是用在哪一个项目上，请举例说明"时，对方顿时语塞。劝其平静下来、想想再回答时，仍然是语塞。于是，将话题抛给同一小组的成员来回答，仍然没有答案。

按照这样一种沉默延续下去，结论便是：这里有项目管理却没有项目模式；恰如一个工厂中有厂房设计、管理制度、团队激励方式，却不知道产品是什么。整个团队、整个厂房围绕着一套空洞的东西设置标准。

随后，七家选择项目模式的小组也选择了两家代表机构上来呈现，然后与之对话。但每到这一步，就会进入艰难时刻，这说明，项目模式至少在现今还处于一种相当缺乏的状态。

于是，我们向公益组织提出了这样一个问题：你们认为当把愿景、使命、战略、项目管理全部清空后，你的机构还剩什么？面对这一问题很多公益组织会感到茫然，其实此前他们的所有"家底"或许正是体现在这几个概念身上。其中愿景与使命代表自己内心正确的选择，而战略则代表一种宏大的路径勾勒，项目管理则将其落实到微观层面，三者合而为一应当丰富而完备。但是接下来的结论是：如果将三者清零后机构没有剩余，那么，你的机构可能什么也不具备。这样一种答案意味着项目模式才是组织的核心，才是组织具有竞争力的依据，才是组织构建品牌项目的核心载体。

近期在与一些老牌公益机构做讨论时，发现他们也有很大的困惑。他们的问题是：我们也能筹到资金，我们的行动方案也会得到捐款人的高度认同，我们有了资金后也招募来了项目团队，但是为什么最后运作下来，就是产生不出理想的效果呢？不仅如此，更严重的问题是：为什么这里的员工还频频离职呢？答案就是这些组织缺乏项目模式。项目模式就如同一个组织内的公益产品加工机器，其中蕴含着技术含量，而这就是组织的核心竞争力。

二 与逻辑框架法对话

在公益领域，普遍使用"逻辑框架图"作为指导框架进行项目设计、项目管理和项目评估。尤其是运作更为规范的国际 NGO，往往会对其资助和运作的项目按照规范、标准的逻辑框架进行监测。一个典型的逻辑框架包括项目所依据的项目理论（program theory）或者说变革理论（theory of change）、项目投入（input）、项目产出（output）、项目成果（outcome）及项目影响（impact）。

从项目设计到项目运作，其背后要严格遵循一套被称作逻辑分析框架的思维体系，这样一套方式自然可以将项目模式因素纳入其中，例如即便是设计一个最复杂的参与式发展项目，按照逻辑分析框架的思维模式，它也可以将所有的项目模式因素纳入其中，实现有效解决社会问题的目标。但为什么在现实中一个又一个参与式发展项目最终并没有实现预期的目标？

或许我们可以从以下角度来分析原因，首先，当下项目模式都处于初期发展阶段，我们还不清楚逻辑分析框架的具体内涵，因此形式化的逻辑要求完全可能落入空谈。其次，逻辑框架是一套形式逻辑，即它为我们提供的是一套方法论而不是解决问题的具体技术，这样一套方法论一旦描述准确则"放之四海而皆准"，但同时放置到任何场所都没有实际作用。

形式逻辑的特点是它可以简单地滑过或轻松地飘过，在形式化的框架之内是自足的。但它的目标是指逻辑层面的目标，而一旦我们没有项目模式，它并不能保证具有实现目标的能力；但即便没有能力，它也完全可以"轻松地"在形式上设计出目标并最终"实现"该目标。这正如同一位同学写硕士毕业论文：每一步都遵从论文的写作要求，严谨而规范，但其实写的是什么，有时连自己也说不明白。于是，在一个又一个的公益组织讨论场所，人们都可以以漂亮的图画表达出项目管理的模式，但一旦追问项目模式是什么，却是另一番情形了。

所以，一种更有效的方法论体系是将项目模式的概念直截了当呈现出来，将它作为一个核心要件要求大家将其呈现。如果这还不够，就再加上另外一些线索，告诉人们，不同的领域、不同的项目类型都有其理想模式，项目模式中包含特定的节点问题组合，需要寻找出这些节点问题及其答案。这样的方式或许能够引导大家破解表面的形式，进入实质性解决问题的体系之中。

第四节　项目模式与传播筹款

一　传播与筹款应有的情形

这里把传播界定为狭义的传播，即组织为了自身的生存而向外地传递自己的信息，以便获得外界的了解、信任或捐赠。在这一意义上传播与筹款是同一个环节的两个组分，我们将那些纯粹传递公益理念而不是当成组织发展来运作的情形，暂时不考虑在内。一家公益组织可以由于以下链条而将组织的传播与筹款与项目模式连通到一起：

组织已经有了特定的项目模式→能够加工出特定的公益产品→

需要将这一加工能力及其所产生的社会效果传递出去→

获得人们的认可并予以资金上的捐赠→让项目模式有资源运作

这是一个闭环结构，终点也是起点，可以图示化地表达（见图3－1）。它的基本含义是：只有拥有了自己的项目模式才能去传播，传播的内容恰好是项目模式的精髓；也只有拥有了项目模式才能去筹款，需要让捐赠人认可我们的项目运作能力及其所生产的公益产品。此外，还有一个项目模式的两层级结构，其下部层级是机构已经有了特定的项目模式，能够生产出特定的公益产品；其上部层级则是对该项目模式的表述，这需要拥有对自身项目的总结提炼能力。

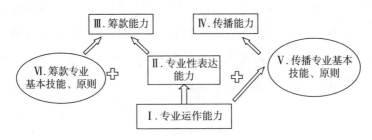

图3－1　传播与筹款路径模型

由第一层级到第二层级并非一件简单的事情，通常能够运作出来的人未必能够表述出来，如果无法很好地表达清楚，便也无法将自己的运作精髓传递给外部世界。于是要有效地进行组织的传播，首先需要具备两个条件：第一，组织已经拥有了某一项目运作的能力；第二，能够将该项目运作模式恰当地总结出来、表达出来。我们对领域里的整体公益项目做了一个粗略的估计：在所有公益组织的公益项目中，已经有了相对成熟项目模式的项目数量占总体数量的10%左右；在这些已经有了相对成熟项目模式的组织中，能够将该项目模式完好地表达出来的组织又占其中的10%左右。

二 缺乏项目模式的传播与筹款

在整体闭环状组织项目运作体系中，如果项目模式不成熟将会怎样？应有的答案是，我们需要潜下心来低调探索，让自己的项目逐渐成熟起来，然后再进行传播。在项目模式出来之前就开始传播和筹款，存在欺诈的嫌疑；尽管如此，但由于组织在其初创期，在项目模式成熟之前，仍然需要生存，仍然需要到外边去筹资，于是就需要一份强有力的传播工作。这种传播实际上就形成了一个将项目模式排除在外的新的闭环结构：

传播→筹款→做特定的公益项目→公益项目的感人性 +

重大意义 + 抽象的效果数字→继续传播

这一闭环看起来同样合理而且绚丽，能够给旁观者以巨大的吸引甚至鼓舞，但其实沿着这一循环在其表面的光环下掩盖了两大问题。第一，公益组织的核心能力被忽视，并且在闭环圈中，这样一种忽视会被固化，因为他们用于项目模式培育发展的资金不会占很大比重。第二，传播中将更多地运用一些非专业化的亮点，将其更深刻地印记在媒体、捐赠人和一般社会公众的视野下，例如公益项目多么感人，其社会意义多么重大，公益组织多么规范，公益人士的工资条件待遇多么低而其工作又是多么辛苦等，由此锁定了公益项目，使之处于低端位置难以提升。

三 公益领域的信息不对称

公益组织很可能将传播置于一个非常重要的位置上，其重要性甚至会超出在企业中的情形。不仅如此，传播还瞄准对于自身功德美德业绩的表述，且经常有一种放大式表达的倾向，这与对于项目模式的追求通常背道而驰。项目模式是组织中的核心技术承载场所，通常需要经过踏踏实实的低调努力才能完成，而不是采取传播的套路。那么，一种与应有的状况相偏离的传播行为为什么会大行其道呢？

从企业中的交易开始分析，企业位于市场中，它们与顾客相互选择、相互交易，顾客选择是否购买某种产品，企业为了盈利，也在产品的质量提升与成本降低上下功夫，最终提升顾客对产品的满意度。因此二者之间的交易就形成一种自洽性的结构，只要信息对称就可以形成双赢的结构，并且通过无数次交易的完成实现社会效益的最大化。

但在公益领域的情形并不是如此，公益领域也存在社会选择的现象，例如公益组织选择帮助谁，甚至反过来受益人选择接受帮助与否。但公益行为中相互选择的主体不是两个而是三个，分别是公益组织、受益人和捐赠人。而且在这种选择关系中，实际上是捐赠人为受益人埋单，而并不是受益人依据自身满意度来付费。但受益人的满意度很难有效传递到捐赠人那里；捐赠人需要依据自己的特定信息渠道和主观判断来决定这一公益产品是否物有所值，这就会产生一种严重的信息不对称现象。

在这样一种三方结构中，捐赠人怎样判断特定的公益产品是否物有所值呢？其中一个重要的渠道就是公益组织自身的传播作用，传播的作用因此被凸显出来。但接下来又一个问题产生了：捐赠人并不是公益领域的专业者，他们无从判断一个特定的公益产品是否具有价值，他们只能凭借着自身的直觉和良知来加以判别，于是一个公益项目越感人，其中越具有某种奉献精神，它就越会打动捐赠人，这正是公益组织重视传播，以及在传播中注重美化效应的原因所在。

更进一步地，在这样一种传播方式下，在捐赠人与公益组织之间的信息传递中，技术性的成分在相当程度上被忽略了，项目模式的概念甚至无从谈起。一方面，这一专业层面上的信息难以为捐赠人所意识到，他们最多只能关注到传递过程中的信用保障；另一方面，公益组织本身甚至都未必意识到还有一个作为技术承载体的项目模式。因此，捐赠人与公益组织之间所沟通的是一种更低层次上的信息。这正是当下公益组织注重传播以及依照这种方式进行传播的原因所在。

所以，三方交易结构实际上是一种将公益项目锁定在低水平位置的结构，其问题是将捐赠人的专业水平传承过来、固定下来，并且形成了难以更改的组织结构。

四　科学话语的滥用

捐赠人也可以通过更加科学的方式判断项目的社会效果，在认识到自身并非专业，也很难落脚于项目实施地的情形下，他们会转而观看项目效果的评估报告，通常，这是通过严格的测量来获得效果数据的。例如，在为一群孩子提供特定社会服务的同时会通过测量观察孩子们的变化，项目运作初期测量一次，运作结束测量一次，看一下项目周期内人们会产生什么变化。有时为了显示科学性还会做参照组的数据对比。

但这样一种更加科学的做法，与那种功德呈现式的传播方式没有太大的差异，其原因简单地说有以下一些方面。第一，公益项目或社会服务的效果很难量化，即便是问卷测试，所要测量的方面及其准确性也未必能够得到有效的保障。第二，同一份数据即便能看到项目所产生的效果，人们也未必能够读得懂，更难转化为直观的感受，在其高深莫测的科学化背后是一些很难转化为人们理解层面的成分。第三，即便是将结果有效地量化表达出来，也缺少一种能够判断出这种效果到底是该被判定为优秀还是刚刚及格的标尺，例如这到底是 50 万元捐赠量值上的有效，还是 500 万元意义上的有效？

更进一步地，在存在上述诸多不确定因素或无法解读因素的情况下，一份数据就会被孤立出来而单独呈现，它的意义解读也失去了参考的框架，这就为那种单纯追求传播效果的机构提供了足够大的作假空间。由于以上原因，那些拥有表面数据的组织，在筹款传播的短期效果上就会明显优于那些潜心于项目模式探索的机构，甚至产生劣弊驱逐良弊的效果。这些问题都是公益领域中需要注意到的地方，而项目模式则是有效解决这一问题的针对性方案。

五　道德话语的滥用

公益组织并不是通过让受益人满意来获得服务收费的，相反却是通过让捐赠人满意来筹募公益资金。一家公益组织能否获得资金，主要受捐赠渠道的影响，而不是由其产品质量的高低决定。从这一视角看，那些善于表达道德话语、使命话语的机构负责人，有时恰好是那些更善于传播的人，也是那些更善于筹款的人。

这种情形可以进一步地发酵：公益组织负责人的努力方向未必代表着公益组织专业化能力提升的方向，未必意味着更有能力解决社会问题的方向，而有可能就是依据道德话语加以展示与传播。但这是有市场的，是有利于组织生存的。

由此也造就了一个荒唐现象，如此前所述：公益组织的目标是给特定群体增能，但在组织内很难做到这一点，因此呈现为一个矛盾状态。这里的一个新问题是，即便是在这一矛盾状态下，组织也可以长期颠簸前行，而并不一定会被轻易淘汰，并且，在机构内过度凸显自我的机构负责人也并不缺少市场，为什么呢？

针对这样一种现象，我们也专门访谈过从企业领域过来的员工，让他们对比一下企业和公益组织两类机构的负责人情况。经过仔细对比发现，两类机构负责人在以下两个方面存在明显的差异：第一，在公益组织中它不仅拥有行政话语权，而且将道德话语的权限启动起来、据为己有，表现在对员工的管理上有时可以使用道德绑架的方式来进行；第二，在企业中，管理者所追逐的就是最终产品的销售和盈利的实现，而并不是自己个人价值的表达或存在感的展示。而在公益组织中，机构负责人完全可以追逐道德权威的展现。

在公益组织中之所以这样的做法也有市场，也能够存在，其原因就在于，道德话语在出资方那里未必没有市场。这种传播手法，也是基于同样的道理。

第五节　项目模式与组织发展

一　自下而上的成长战略

本章中的前几节都在告诉我们，有了项目模式这一概念之后，整个组织的管理运作都要有一种新型的思路。将它们综合起来则又构成了组织战略发展的一套全新策略，这可以被简称为自下而上的战略。

自下而上战略的第一个含义就是要让项目从无到有、从有到成熟，按照自身的规律成长起来。这与企业生产中可以直接使用生产线的做法完全不同，也与那种将大学毕业生引进来安排到特定岗位上,从而可以建构起一套服务流程的做法不同。这里的项目模式需要从实践中探索;项目官员需要从一线中获得能力的积累与自身的成长;顶层管理者需要转化为服务者而为一线人员服务;项目研发实际上正是在一线完成的,并不能将项目的研发部门与一线运作部门相分离;组织传播与筹款需要基于一线的项目运作,需要对自己的项目有着充分的了解,然后再将它们如实地对接到外部世界中。

二 项目成活的概念

这里要引入一个新的概念——"项目成活"。它实际上是指一个项目的运作模式基本成型,因而能够加工出特定的公益产品。一旦有了项目模式就会产生质变,即我们投入公益资源,投入人员的行动,就可以让这些资源和行动转化为特定的产品。简单来说是"能够打仗"了,这里的资源不再是在空转中被白白消耗。进一步看,一旦成活就可以围绕它进行传播和筹款了,我们的筹款也有了信心,因为我们可以向捐赠者保证这份资源会转化为特定的公益产品。一旦项目模式成型,也就可以围绕它制定组织的发展战略了,自下而上的战略就进入了真正的起步阶段,甚至可以开始考虑自上而下战略成分的初步添加了。

这与公益组织的孵化相对立,后者可能仅仅限于让组织成为法人,能够呼吸,能够活动。这还远远不够,组织的真正质变点还在项目的成活,而不是组织的成活。如果没有项目的成活,那么组织的成活便没有太大的意义。

三 有机生长的概念

这是我们 2010 年做北京市基金会等级评估时,从西部阳光农村发展基金会秘书长梁晓燕女士那里获得的一个概念。她在自己的组织运作中花费了大约五年的时间，用于探索自己机构的项目模式建设与项目体系的建构。之后在 2015 年北京市基金会培训中，我们又邀请了梁女士来讲项目有机生长的思路，这时她在原来的项目上又继续探索了五年的时间。在总共十年的时间里，一个有机的项目体系大致形成。那么什么是有机生长呢？这里我们吸纳了梁女士的思路，又将其稍加改变，它应当大致包含以下三个方面的含义。

第一，项目模式的形成。针对一个单一的项目而言，它本身也在有机地生长，最初我们投入资源试图解决一个社会问题，但会发现中间有许多被扭曲的环节，以及许多意想不到的运作体系的中断或效果打了折扣。这说明一个完整项目模式的形成就像一个大型的软件设计一样，需要不断构建，不断弥补其中的漏洞，让它逐渐趋于完善。其间包含着对项目模式整体性的逐渐勾勒、节点问题的逐渐清晰，以及解决方案的初步形成。

第二，项目的不断衍生。在拥有一个相对成型的项目模式后，机构就可以围绕着它而不断前行，以一种短链条的方式来完成第二个项目、第三个项目，最终项目形成一个整体的体系，综合性地用于解决一个特定的社会议题。这与上面所说的项目成活及其后的情形相一致。

第三，项目运作体系的建立。某一特定项目一旦成熟，机构就可以围绕它打造出自己的基础性设施和高端性的顶部建构，其中基础性设施建设包括我们围绕项目建立团队，围绕项目建立组织的管理制度和基本规范，围绕项目展开我们的传播与筹款；而顶部建构则是围绕项目设计战略，进行组织未来的目标定位，围绕项目完成特定的使命，最终实现愿景。可以看出，项目才是这里的核心，而这一内核才是组织核心竞争力的表现。所以有机生长又可以表述成这样一种逻辑关系：只有拥有了内核，我们才能围绕它进行顶部（战略愿景等）、中部（团队）和底部（基础规范）的建设。这就意味着除了最基本的法律法规规定的内容之外，组织的制度、团队、传播、战略使命等都需要基于项目本身来确认其具体内容，就如同企业生产中所有的团队管理、厂房等都是围绕器械化的生产体系展开的一样。

四 可积累性的概念

一个组织在运作其特定项目的过程中，会让项目的成熟程度随着时间而不断积累，最终产出一个优秀的成品；其间会留下一路积累的痕迹。项目的这一特征被称为它的可积累性。

可积累性是对项目模式及其内在技术含量的尊重，项目模式并不能一蹴而就，而需要在项目运作过程中边运作边探索，边发现问题边解决问题，最终不断地弥补漏洞，让项目模式逐渐成熟。可以发现，可积累性与有机生长这两个概念在内在精髓上都是一致的，它们或许在表达同样的内核，那么为什么还要使用可积累性这一概念呢？

我们发现，当与一家公益组织讨论他们的公益项目时，沿着时间倒追会发现项目模式一路改进的轨迹，而正是这样的不断进步和改善，才能通过项目的动态模式更好地解读项目模式的深层次含义，与此同时也才能看到一家创新型组织的用心。据此可以在相当程度上反映一家组织是不是用心探索、坚守使命的机构；或者说，这是一个很好的评价组织的指标。

除此之外，可积累性与创新性概念又发生了深度关联。在企业领域，创新性通常意味着一个颇有创意的新型模式出现，一旦某个创意产生，就意味着一个瞬间的质变，或者通过深层次的技术研发突破了某一技术壁垒，出现了新型的产品生产技术。公益组织则不然，不管是模式设计还是技术创新，都是逐步缓慢地完成的，因为它体现在人们自身的能力上，体现在人们对于复杂社会场景及解决问题思路的把握上。一个是瞬间的，一个是长期而缓慢的，这是两大领域的区别，因此创新性在公益领域并不意味着某个瞬间的质变性的结果，而更意味着沿着自己的特定方向不断面对问题，不断探索、试误，不断积累经验。如果能够真实地把握公益领域这种创新性，则会具有明显的现实指导意义，这正是我们使用可积累性的又一个原因。

为了配合纯粹理论上的陈述，可以举一个不具有可积累性的例子。某家组织已经建立与运作将近十年时间，他们提供场所为流动儿童服务。这本来是一件颇有意义的善事，但出现的问题是，在多年的实践中他们帮助流动儿童活动的场所似乎总是处于一种低端的水平，你会看到许多孩子拥挤在一片特定的空间中，他们零散地聚拢在一起，零乱地活动着，其间既缺少秩序又缺少规划性，活动内容相对初级，大家只是把它当作一个暂时的场所，是因为没有更好的去处才待在这里。

仅仅到这一步还只是表明项目模式处于初期阶段，但更大的问题是，他们永远在口号上不断提升自己，他们把自己的项目模式首先解读为一个场所，其次在这个场所对儿童进行艺术培训，接下来还会选拔在艺术上有天分的孩子去参与各种竞赛或进入更高端的培训机构。纯粹形式上的项目模式被勾画得绚丽而高端，在实质上却是一幅完全不同的图景。

五　多项目间的选择

公益组织在发展早期通常会面临这样一个问题：我们是同时运作多个项目还是专注于一个项目？在这里人们有两种不同的意见，其中一种意见告诉大家：要做减法，把那些泛泛运作的项目剔除掉，只留下一个能代表组织未来核心发展方向的品牌项目即可。接下来就会有一种反对的声音。

例如，一些在流动儿童领域做公益项目的机构，其在早期阶段更愿意将项目设计成一个群落，就好像椰子树上长出来的椰子。其中有的项目是为留守儿童的社会融合服务的，有的是为他们的功课补习服务的，有的仅仅给他们提供一个放学之后待的场所，甚至还可以加上为他们的父母提供家长培训的内容。他们这样做的依据是，只有同时做多个项目才能专注于同一个议题，因为这样一些项目有着同一个目标，从多个侧面综合性地解决问题；因此，这样做也才好获得资助方的青睐，实现筹款目标。

这里给出的意见是，项目需要一个一个地成长，而不能同时成长，原因就在于，每一个单一的项目都是一种创新。除此之外还有另外一层意义：一旦一个单一的项目成活，其就会为后续项目的成活奠定基础，在此基础上开发同一个议题下的新项目，就更加顺理成章和简单易行。以服务流动儿童为例，当我们能把孩子组织起来进行阅读活动的时候，公益组织与孩子之间就逐渐建立起了信任关系，孩子们之间也建立起了共同体的关系；更进一步地，还会让他们的家长也参与进来，使他们知晓这个活动，并逐渐认可这一活动。这样家长们就会对这样一种活动有更高程度的认可，到了这一步再去做家长教育班或亲子活动班就水到渠成了。

　　随着一个项目的成活，组织就可以沿着既有的项目继续向更高更远处探索，从而把原来椰子窝状的项目结构，发展成由一个延伸到另一个这样一种接力式发展的模式。其基本规律是，一个项目模式成型之后就可以催生另外一个，或为另外一个的建立提供良好的土壤，这样依次递进项目模式就沿串联的方式由少到多不断成长。

　　一个组织完全可能拥有不止一个且又分属于不同议题的项目类型，它们之间呈分离的孤岛状，每一个单独成立，任意两个之间又互相没有关联。针对这样一种格局，有的人会说，这不符合组织组织的战略规划，应当筛选掉多余的项目，只保留一个核心项目。由于这些项目之间缺少议题上的关联，不属于同一个服务大类，因而要筛选掉的建议就更具有了合理性。但是，一个组织并不一定要把自己的项目限定到一个议题上，即便是孤岛状分散的多个项目，也可以在组织中同时存在、并列发展。但这里也必须有一个关键性条件：其中每一个项目都处于成活状态，或者在自己的视野内组织正在走向成活，其间没有硬性障碍。

　　其还可以呈现为这样的结构：同一家组织内有几个各自独立的项目团队，每一个项目团队都关注自己独特的一个项目，项目之间可能呈孤岛状，相互之间并无关联，每一个项目可能都不成熟，但项目团队都各自围绕自己的项目不断探索和打造。这仍然是被允许的，只要资源许可即可，这种模式或许可以认为就是几个不同孵化期的组织同时位于一个更大型的母组织的载体上而已。

　　然而，一家组织要想同时驾驭几个类型差距较大的项目，那么它一定要有非凡的能力。在逻辑上并不排除这种可能性，但并不容易。如果做不到这一点，就需要改变策略，将自己有限的精力和资源瞄准特定的目标类型，使之精准化。

六 组织发展案例（1）

到了这里，我们大体可以知道一个组织如何基于一个项目模式而最终成长起来；或者，它在什么情况下可能走入相反的轨道，这是一个真实的案例。

1. 案例的基础呈现

将机构的信息稍加掩盖，转换成一个通过特定的活动手法，到一些小学递送某一特定服务（例如组织学生搞阅读）的机构。即便像阅读这样一种活动，组织学生参与进来也并不容易，其中包含着对特定的节点问题的解决。该组织在这里已经获得了实质性的突破，于是他们的项目模式可以嵌入学校的教学活动之中而发挥作用，并且由一家扩展到多家，由一地扩展到多地。这一阶段的生长过程就不再展开，而仅把它作为起点加以呈现，接下来则是沿此开始有机生长的过程。

通过对现场一线项目官员的深度访谈，以及在项目地与老师学生的深度交流，可以逐渐梳理出来接下来该做的事情。它包括让更多的老师真实地介入，老师一旦真正介入，那么他自身就会逐渐体会到在其中动员学生开展活动的乐趣，就会获得自身的价值感与胜任感。他本人经历过一个由质疑式与形式化的投入，到发现效果并感受到自身胜任感，最终自己兴奋地投入其中的整个变化过程。机构需要做的事情如下。

• 让更多的老师进入这样一种自我激发的链条，一旦达到了一定的时间，介入者就会体验到其中的乐趣，于是，即便是在外界不再帮助之时，他们也有可能通过学校而自己组织起来、继续下去。这是一个真实的场景，大家可以凭借想象在脑海中勾勒：那些体制内的老师，居然借助一个纯粹的社会公益项目而被彻底激活，在许多局部场景，从校长到教师再到学生，人们在新的机制下都兴奋不已。仅仅从这些场景上，一个完全外行的人就可以对此进行赞美。

• 跟老师分享这样做之所以产生效果的道理，让项目团队把自身刚发现的一些有趣的道理也传递给老师，让他们不仅知道自己的努力是有效果的，而且知道为什么会有效果。这相当于行动者也参与进理论研究中，而且我们会发现，在告诉人们其所作所为为什么有效时，他们获得了一种新的兴奋。"我们一直知道自己做的有效，但也一直不知道为什么有效。这份报告让我们明白了道理，大家都非常兴奋！"

到了这一步，项目的社会效果以及组织的运作活力，都清晰地展现出来。问题是下一步该怎样做。而在这一问题上，恰好有两种不同的思路，对此进行比较，可以让我们更准确地认识此前所强调的那些理论。其中一条道路是项目延续现金势头，继续有机生长，另一条则是进入规范化的项目管理的轨道。有趣的是，两条道路指引的方向完全不同，结果也完全不同。借此案例，可以让更多的人对于项目管理与组织发展有所思考。

2. 方向 1：项目的有机生长（设想中）

这一路径上的核心做法如下。第一，把教师群体中那些探索程度更深、项目效果更加突出、更有故事性、更能体现出特定道理的情形找出来进行梳理和总结，然后组织教师们相互交流、共同分享，从中让当事人体验到行动的价值感，让更多的学习者明确前行的方向。

第二，为这些有着特殊创新点的老师进行记录，让他们的行为得到认可，把所有这些被认可的成果汇总到一个平台上，让这份记录与认可的场所具有某种庄重感与可持续性，同时这里也成为大家相互学习的空间。

第三，将这样一些线下的汇总与交流拿到线上来，可以组织大家开交流会，可以为那些走在前面的有特殊贡献的老师颁奖，给予他们特定的奖励。

公益项目到了这里，其运作模式也开始朝立体化方向发展。这时，项目的资助模式也开始发生转变，最开始资助基层一线运作，到了后来一线老师自己行动起来，公益组织则在顶层予以拔高式的激励，同时产生引领作用，让整个项目形成一个由下往上的金字塔形结构。这时顶层的活动更具组织性、更具统领性、更具引领性。这里少量的资金资助就可以起到牵一发而动全身的作用，项目模式也由单一向着系统化方向发展，项目的社会效果也开始爆发式呈现。

它不仅在原地开始为孩子们提供特定的教学手法、特定的生活方式、特定的共同体模式的建构，最关键的是它又为老师提供了一份呈现自我价值的空间，如果说当下体制内科层化的管理老师的方式让老师逐渐失去了自己被认可的机会，那么在这里其则获得了补偿，甚至是一种别具意义的补偿。在这里老师开始真正因为专业性而感受到自身的发展，不仅在原来的教学活动开展场所获得自我成长，而且在整体层面由于公益组织的投入与组织活动，一个新型的社会化展示的系统建立起来，教师在这里也有了一个由个人自我认可向着在社会更高层面被他人认可的成长空间。

这是一个典型的项目由下往上的有机生长体系，与此同时，有机生长项目模式由原初的萌芽走进成熟体系，最后又走进系统化的运作模式。最后将单个教师、教师群体、公益组织全部吸引进来，由一个活动时间点向着持续性的活动开展转化，由单一的活动开展到最后老师交流、社会认可、组织引领、专业化成果的梳理等多种活动环节转变。

需要额外说明的一点是，借助这里的表达，还可以看到一种自下而上的战略展开。项目模式的形成也可以看作项目由最初萌芽向着复杂的项目体系发展的过程，其实每往上一步发展都是组织的一个战略组分。这就是以项目为基础而运作出来的组织发展战略，这也是自下而上战略的核心含义。

有机生长这个概念告诉人们，自下而上的战略很难在一开始就明确地设计出来，走在前沿的公益组织需要通过自身的努力慢慢探索出来，只有经历一代又一代的探索，项目模式不断成熟之后我们才能做到提前设计战略，而随着项目模式自下而上的成长或自下而上的战略展开，组织的影响力也越来越大，组织的价值点也在多个方面、多个层级展示开来。围绕它组织可以自然地呈现自己的社会影响力，当然也可以通过专业渠道而有意地加以传播，并且围绕项目不同的价值点可以设计不同的筹资方案，组织的传播与筹款都是围绕项目模式展开的。

3. 方向2：由项目模式进入项目管理（实际上）

另外一个思路上的做法则体现在新聘任过来的管理层身上。他们也看到了项目当下红火的景象，但除此之外他们看到了更多的成分，其核心是：既有的项目虽然取得了良好的局面，但项目的管理还不够规范，自己既往的管理理论在此大有用武之地。换而言之，虽然项目已经成绩斐然，但自己仍然可以在此基础上更进一步、展示自身特有的价值。

但问题在于，新管理层的知识体系是由三种模块构成的：为留守儿童服务的使命＋组织战略的勾画＋项目管理的规范。

大致局限于这三者，除此之外，他们心中没有项目模式的概念，没有有机生长的格局。他们也有关于专业性的意识，但也仅限于各专项的知识领域，而不是运作项目方面特有的知识。因此，他们没有节点问题的视角，不知道既有的项目运作精彩在哪些方面，也无法理解继续生长的自然脉络。于是，他们就自然地将项目管理的体系施加到项目当下的生长点处，让项目的自然生长戛然而止。

除此之外，他们还看到了此前项目运作中的一些不准确之处，例如他们发现，本来要瞄准留守儿童最终却瞄准了全部儿童，某种活动的数量还没有完成，志愿者的劳务发放不及时，财务有明显不规范的成分等。① 于是将项目团队定性为一种在管理上出现明显不足的团队，在项目定位上也需要重新审视，而对项目管理还需要更加严格地把控。这些看法是准确的，这就更加坚定了他们加强项目管理的决心。

于是，这个新的管理层开始梳理一套新型的管理体系。他们所做的事情包括以下方面。第一，把组织内的相应规章制度重新梳理一遍，要严格加以执行。第二，将项目此前所有探索性的积累用逻辑框架的方式加以梳理（梳理人员并不是项目团队的一线人员，对该项目也不了解，且并不是此前进行专业性评估的人员），然后将梳理出来的逻辑框架抛给一线人员，让他们严格执行。这就意味着项目被重新以科层化的方式对待，其背后的假设是项目模式已经成熟，按照一个自上而下梳理出来的逻辑框架将项目框定住即可。第三，机构着手引进监测评估机制，重点是监测机制。这一思路来自国际机构的示范，它

---

① 注：这里还有个小故事，为了证明项目团队在财务上有问题，他们甚至专门聘请了财务专家进行沟通探讨，最终财务专家的结论是这里没有明显的问题。

着重考察下层人员所承诺要做的事情是否真正做到，从而让组织的科层化色彩进一步加重。第四，将组织的目标人群向留守儿童收缩，服务对象的变化本身也意味着项目模式的变化。原有的项目模式是针对所有人的，它可以让留守儿童和非留守儿童全部受益。眼下要将非留守儿童排除出去，看起来是使目标人群更加精准，其实就是在将目标人群收缩的同时将项目模式改变，这样也产生了将留守儿童标签化的严重风险。

其实到了这里我们应该能够看明白，这便是沿用项目管理的一套思路来自上而下进行管控。它与项目模式的核心差异在于，项目模式包含对专业性的真实准确和全面的把握，而项目管理则在起点处就默认为自己已经掌握了项目模式的全部知识，而其实他们知道的可能只是行为的外表。

在本案例中，整个管理层就是沿着项目管理的思路而居高临下管理的，但现实情况是他们既不了解项目团队的现实运作，又对这样一种创新性项目到底拥有怎样的项目模式以及其中包含的技术含量并不知晓。

这里就会产生一个疑问，是什么成分给了这一管理层这样的自信呢？答案就在于公益组织在早期发展阶段为人们培训的那些内容，例如一种坚定的理念，很多人认为只要理念准确就可以执着地坚守，通过运作就一定会产生效果，而留守儿童便是理念的一个特定标志。其次是关于项目管理的一整套思路，于是他们开始梳理项目的逻辑框架，并引进监测评估体系，他们心目中的逻辑框架只是一套形式逻辑，而至于它是否能准确有深度地把握项目则无法鉴别出来。其实基于他们外行者的角色，他们也的确无法把握，于是就会更加信任这一套形式性的逻辑体系。

这里也额外说明一点，沿着这一思路，也会产生一套组织的发展战略,这就是自下而上的战略。其具体表达便是,要在此后 n 年的时间里,争取项目覆盖到多少所学校,每所学校开展多少活动。与此配套,机构还要拓展筹款渠道,并且在 n 年之后,年筹款额要达到 m 万元。而在接下来的一年时间里,筹款额和拓展的学校数量则分别为……此中完全缺失了颇具活力的项目模式及其有机生长趋势。

七 组织发展案例 (2)

1. 直接进入规范的项目管理轨道

这里呈现另外一个机构的案例,它的起点很高,直接就进入上一个案例中"方向 2"的阶段:他们在确定了自己的价值理念、行动方向、发展规划之后,直接进入高端的项目管理阶段。其中组织的部门划分、层级划分、规范建构、规范的执行力度都达到了极其标准化的程度。当然这也并不奇怪,因为他们是一家国际 NGO 在中国所建立的一个项目办公室。

从愿景与使命上看,这家组织的定位令人肃然起敬,他们要帮助的是处于儿童期的孩子们,他们从国际上筹集资金来资助这些孩子开展丰富多彩的活动,尤其是体育活动。在此过程中让孩子们既能获得身体的发育,又能从游戏化的体育活动中获得乐趣、体验伙伴关系。这样一种方式与既往的应试体育完全不同。而且他们的项目点延伸到了诸多贫困山区,覆盖到了那些在通常情况下没有条件获得体育活动的孩子,其公益慈善价值不可低估。一种优秀的理念、大量的公益资金,再加上规范而严谨的项目管理,一个卓越的项目便产生了。

但这里要对话的是项目管理的思路。这家国际机构已经由于种种原因而在国内注销,因此这样一种探讨可以更纯粹地停留在学术争论层面。从这家代号为 R 的组织自身的逻辑来看，他们筹集到了资金，有项目运作团队，将资金加人力投放到特定的场所，动员这里的孩子（以学校或社区为载体）参与到一种轻松愉快的体育活动或儿童发展活动中，就一定会起到积极的作用，实现预期的目标。而为了保证目标的实现，他们只需要在项目运作过程中加进严格的监测评估环节即可，即看一下预期的动作是否做到位，预期的效果是否达到。

但现实中的情形远远比这种理想模式复杂，一些重要的节点问题有：如何激发学校参与活动的积极性？从哪里招募到合格的体育教师？当这些体育教师沿着传统的惯性仍然使用管控的方式来对待体育活动中的孩子们时，该怎么办？更细节的问题如：如何教会孩子们仅通过一根绳子就将游戏玩出花样？是否已经有本土的老师在这方面做得很优秀？如何将他们的做法向更多的学校传播？

用节点问题的方式来思考，原来认为已经成熟的项目模式便不再成熟。在现实中它经历着巨大的挑战，甚至完全达不到预设中的情形。再如，在乡村地区建立留守儿童活动点，在村庄中寻找爱心妈妈来为这里的留守儿童服务。设想中的情形是：一个固定的活动空间，一块挂出来的牌匾，一个爱心妈妈，一帮流动儿童。而在现实中，可能这里仅仅是空洞的屋子，或者是一个爱心妈妈带着两三个孩子在活动。为什么会如此呢？这里也有它的核心节点问题，即如何让孩子们的动机被激活，从而愿意参加你的活动？对这一节点问题的解答也颇具难度。

2. 两种做法的对比与思考

做一番纯粹的设想，看一下怎样能够真正地做好事情。第一，让项目自下而上有机生长，而并不是认为它从一开始就成熟了。

第二，机构内采取一种自上而下的支持性战略。其实，在前面谈到的更为激进：即便是项目模式已经成熟，为了给项目官员以自主性的空间也需要将"黑箭头"转化为"红箭头"。在此过程中，让项目团队的一线成员独立面对社会需求，创造性地开展自己的工作，提升自己在项目运作过程中的问题意识，并在解决问题过程中提升自身的能力，让项目模式逐渐成熟。

第三，在对一线项目团队充分和深度了解的情况下对外传播、向外筹款，因此传播和筹款也要基于自己自下而上的战略以及对项目模式的深度把控。

将此三条概括起来可以简略地表述为：（1）机构内上层和下层一体化；（2）项目的研发和项目团队一体化，即由项目团队产生最终的项目模式；（3）项目运作和组织的传播筹款一体化，让筹款团队基于对自身项目的彻底理解进行筹款。在一些定位高端、运作严谨而规范的机构中却经常将这三者分离：（1）其内部部门划分细致、边界清晰；（2）其顶层和底层相互分离，然后顶层以一种监测评估结合管理的方式来与一线项目官员发生关系；（3）其项目运作和筹款相分离，所以，需要花费大量资金、使用第三方评估团队，借助所谓科学评估的方法把一些抽象的量值呈现到捐赠人面前，除此之外，认为自己也是有问题的内部"监测"，继续严肃地做下去；（4）其项目研发与一线运作团队相分离，并且经常认为自己的项目已经达到了成熟状态，剩下的就是筹款、投放资源加以运作，然后监测运作团队，评估与反馈运作结果。

这样一种机构管理方式经常造成一种事与愿违的结果，但又将最终的低效率掩盖在自己规范的外表之下。仅从组织内部的监测这一环节来看，我们曾经将数家监测做得很规范的机构召集在一起，讨论机构监测到底该如何评价的话题。结果这几家机构的监测评估负责人几乎持有同样的观点，那就是，监测在相当程度上将组织僵化或官僚化；而且，这不仅损害了效率，而且掩盖了一线人员的创新空间，或更重要的是，掩盖了组织成员的成长空间。一套标准严谨规范的做法，掩盖的是一个机构及其基层项目运作团队，根本就没有掌握自己的项目模式到底是什么的事实。

曾经在一次访谈中问这家机构的项目官员："你在基层做儿童早期教育，你们机构在这方面已经有了十数年的积累，你认为你们做这方面的核心技术是什么？"这位一线项目官员思考了良久居然没有回答出来，他只是说："我刚接手工作八个月，我还不知道这里该怎样做。"然而令人奇怪的是他已经接手了，在他接手的最初时间上一任难道不把组织的核心能力传递给他吗？难道传递的只是现有的关于动作该怎样操作、规范性该怎样保障这样一种形式主义的条条框框吗？

再回过头来问机构的负责人，他的回答是：我们的一线运作的确积累了大量的经验，但我们还没有梳理出来，我们与许多机构相比的确具有优势，但不得不承认有些问题我自己也没有完整的答案。这时，又将一个根本问题抛给他：为什么还如此严格地采用监测评估的方式而不是给底部员工一个自主创新的空间？答案是，我们必须通过这种方式才能向捐赠人做出交代，而且这已经是我们机构长久以来的不可更改的做法，除非我们不再是自己了。

讨论到这里我们就可以重新回到国内正在破土而出的诸多本土公益组织那里，它们微小但具有自主性空间，它们能力不足却正在遵循有机生长的轨迹。这样一批组织未来值得期待，并将很快成为那些大型公益组织尤其是国际公益机构的有力竞争者。

第六节　项目模式视角下的评估

评估分为组织等级评估与项目评估，前者是一种典型的中国特色评估方式，这里一并讨论。在有了项目模式这一概念之后，评估也需要得到重新考察，或许在过去我们在形式上已经完善了的评估理论将会遭受冲击，一套新型的评估思路也应因此而产生。

其实项目模式概念的产生在相当程度上是由评估而来的，之后，它也一定会对评估理论产生很大的冲击。现有的评估套路大致分为两种：第一种注重定量化数据，通常通过所谓科学方法下的测量而来；第二种则注重项目过程中的标准与规范。项目模式的概念产生出来之后，我们需要与其中的任何一种进行对话。但由于这是一套系统化的工程，很难在本书这一章节内完成，因此它有待于在其他的专门论著中系统化呈现，而在这里则对评估的思考做一番概述性的展示。

一　缺少了项目模式的评估是什么？

1. 量化评估的思路

为了给捐赠方一个有效的交代，一个公益项目通常需要进行评估，并且将其最高境界瞄准为一种定量的评估，其典型形式是经由前测与后测，看一下项目周期内受益方所产生的变化。有时为了更加科学化，评估中还要加上对照组，看一下在其他条件相同的情形下，项目干预所产生的效果。通常，那些接受社会捐赠的公益项目，会倾向于采用这种评估。一方面，这样的评估结果，会给捐赠人一个客观数据上的答案；另一方面，这种单个项目的评估，可以拿出足够的资金量作为评估成本，让深度收集数据成为可能。

这是一种基于精准测量而产生的效果评价，其手法有些类似于社会科学中的实验法，如果将其用到科学研究中，这一方法科学而恰当，尤其是在要精准测量某一变量是否能引起特定的效果之时；但用于评估会面临严重的质疑。最核心的质疑是，即便特定的项目活动被证明是有效的，那又如何呢？如果是一种药物，用于治疗某一种疾病，那么证明其有效性会很重要。但如果换成一笔公益资金的投入，那么有效性的证明将在相当程度上失去意义。例如，给你的是一笔 100 万元的项目款，但你证明出来的或许只是 20 万元的效果，因为即便是投入 20 万元，仍然可以证明产生了效果。

真正重要的并不是客观的定量化效果，而是这样一种效果能得多少分。同样是"有效的""效果显著"，但其得分可能是优秀的、良好的，还可以是及格的或者是很差的。学者写论文时的定量统计中需要使用显著性的概念，是指在某一误差范围内某种差异是可信的，在项目评估中有时也会使用这种思路，但这是不正确的，因为即便仅仅花费了项目款的十分之一，也完全可以证明"项目产生效果"这件事情，且具有统计学意义上的"显著性"。

2. 基于逻辑框架图的评估

这一方法似乎比上述简单的循证式测量更有深度，从其名称上就可以看出它尊重逻辑并将整个项目体系建构成一个框架化的逻辑体系。因此在项目最开始阶段就将资源的投入、要做什么、预期产生什么效果以及该效果产生怎样的社会影响力等都勾勒清楚。这是一套严密的逻辑体系，其间每一步都包含因果关系在内，且还可以把每一步需要什么条件都包含在内。完备的逻辑框架还包含每一步结果的测量指标。如此一套严密的科学化框架体系足够为后期的评估提供一个坚实的基础。

例如，我们完全可以依据事先预设的产出指标进行测量，看最终结果是否达到事先预设的产出效果；在看到没达到预期效果时还可以倒回头来，一步一步地，从资源投入到行动再到结果，看哪一步出了问题。

从纯粹逻辑上看的确如此，但不得不说这只是一套形式上的完美体系，是形式化的逻辑演绎，而并非实质化的逻辑体系。一旦在特定项目中还没有形成理想的项目模式，那么这套体系将完全失效。实际上，逻辑分析框架法更适合于自然科学领域里的项目评估，而在社会科学中仍面临巨大的挑战，很难找到一个完美的模式能证明它的普遍有效性。

更深层次的原因在于，项目模式需要优先于逻辑框架，只有具备了项目模式，逻辑框架才可以被有效运用起来；或者说，项目模式在逻辑上是该优先于逻辑框架的。但现实中这一条件尚且无法满足，具体表现在，项目运作方从一开始就有可能面对一个较为复杂的项目，例如第三、第四层级上的项目，它们并没有关于它的项目模式，因而也没有办法进入逻辑框架体系之中。

当然逻辑框架法可以指引我们形成这样一种框架体系，现实中也有很多人朝此方向努力。他们在看到逻辑框架法时十分兴奋，觉得自己有了思考的准则，但最终结果很可能是无济于事。为什么会如此呢？可以回想项目模式在形成中所遵循的方法论路径：我们不是沿形式逻辑的规范性样板来梳理自己的项目的，而是从节点问题开始；我们将一个项目中的节点问题逐个发现并逐个解决，最后逐渐积累形成一套体系化的项目模式，这是实质性逻辑的展示，它与形式化逻辑体系并不相同。如果诸多的公益组织已经在现实中证明，这样一种实质性逻辑的路径才是适合的，尤其是针对那些具有复杂性技术含量的项目而言，那就需要重新考虑项目设计与评估的问题了。

进一步看，项目评估方也未必掌握关于该项目的理想模式是什么样的答案，他们很可能本来就没有答案。因此从评估方到被评估方都没有关于逻辑框架是什么的答案。这也造就了领域内的一个有趣现象：在评估现场，评估专家会伸手向项目运作方要他们自己的数据，要他们证明自己的承诺已经做到。

但这样的索要毫无结果，因为这相当于让项目运作方从一开始就成为一个具有完美能力的组织，并且还要在现实中做出来：既要做项目，又要做评估数据的收集，最后还要说服评估专家；而评估专家只相当于一个"阅读者＋签字人"的角色。显然，这是领域整体能力不足的表现。重要的是，沿如此逻辑前行，一年、两年、多年，社会组织仍然没有获得实质性的进步，反而学会了一套做形式主义的花样能力。

为什么一套在形式逻辑上准确无误的体系最终会无法兑现呢？答案还在于项目模式上。但眼下的逻辑框架法限制了大家探索的空间，因为它从一开始就要沿着事前设定的路径前行，而实质性路径的缺乏又加重了事前设计的形式主义；所有人的努力方向都到了与能力发展相背离的另一条轨道上。

项目模式需要慢慢创新探索：或者由优秀的组织先掌握然后供大家学习，或者需要评估方先掌握它，然后通过评估推送给更多的组织。后者是一条极其有效的解决问题之路，其间要

求评估机构在评估过程中与被评估方进行对话，相互学习，促
进发展；评估方发展了之后，不仅可以更准确地评估项目，还
可以更有效地帮助其他组织。所以，这样一套复杂体系的解
扣，最终还需要回到项目模式上来，梳理清每一类项目的项目
模式是什么，然后评估机构先掌握，通过它让更多的社会组织
掌握。这才是我们推进公益组织发展的切实路径。简单地说，
我们应当从逻辑框架法中走出来，进入比它更深一层的根源中
去，进入关于项目模式的讨论与探索中去。

二 注重动作与流程的评估是什么？

1. 一种追求外表规范的倾向

在当下的评估中还有另外一个趋势，即片面追求行为动作
的外表规范。例如：

● 将你的档案资料拿过来，我看一下是否规范整齐。

● 我看一下你理事会选举投票的照片是否严格符合规范。

● 你们承诺四月份要开三次会，开过了吗？会议照片真是
这次会议上照的吗？

● 会议内容分别是专家与社区公众、街道领导以及三个部
门之间的沟通协调，人数分别是××，你是否兑现了？把相关
的签名资料拿来，再提供几个电话，我核实一下。

对过程细节与过程规范性、过程留痕性的严格追求，会产
生怎样的效果呢？如果一个人曾在事业单位体制内工作一段时
间，那么他就会深有体会了。例如在高等教育体制内，我们追
求教师能够激发学生学习的积极性，传递给他们最有效的知识
体系，鼓励他们利用这些知识体系去创造性地思考相关问题，
解决相关难题。但在现实中我们的考核方式是像"上课迟到一

分钟就是重大教学事故"这样一些形式化的成分，教师感受到的是某种无形的监督压力，自己的主观性、创造性也失去了发挥的空间与动力。

在此人们会问：如果一位老师每一次课都按时到课堂，准时下课，一分钟的时间差错都没有，所有的行为规范都完美地遵守，他就一定能产生良好的教学效果吗？但现实评估中并不这么思考，例如在政府组织的等级评估中，部分内容明显流于形式，同样的情形也出现在政府购买服务的评估中。

2. 形式化的考核指标是如何产生的？

第一，这种指标最初的来源是法律法规的分解。例如基金会评估中，如何评估一家基金会组织做得好坏呢？最简单的办法就是将《基金会管理条例》中的内容分解，化为不同的指标，然后到现场去看他们做得怎么样。

如果作为指标检查，这样的做法无可厚非，但作为评估，则会出现问题。从实质上讲，评估应该是在做到基本守法的基础上，看它建构性的成分做得如何。而这样一种将底线规则分解出来作为等级评估依据的做法，显然忽略了更高层级的成分。

为了应对这一问题，评估方还可以采取进一步的做法：他们依据各种可能的途径来收集关于一家组织该怎样做的规范性依据，然后全部分解为指标，甚至极端者还把国际性的其他评估机构的规范性指标全部笼络进来，以便显示出自己全面系统而且有国际视野。另外一些机构则会依据在学术上尚未成熟的专业性的手法，将此分解用于组织的评估中。

第二，形式化的指标还可以来源于项目运作方在起始点处的承诺。例如政府购买服务项目，最初的项目论证都要承诺自己要做什么、怎样做、在什么时间做等，这恰好为评估方提供了足够有力的依据。于是在评估的过程中就要求项目运作方提着一袋一袋的档案资料来证明他们的确如此做了；为了增加动作的数量，项目运作方还会将项目运作得热热闹闹、轰轰烈烈。因为越是这样越能显示出活动开展得有广度、有深度，并且能留下充分的印记，还能吸引更多的人参与进来。而至于这样做是否符合项目模式的实质性要求，是否能有效解决社会问题，以及如何能更好地改进，则全然不是他们所关注的范围。

在上述两方面依据都没有的情况下，还会出现第三种情形，即所谓的监管式评估思路。其中，评估方把自己当作该项目的监管者，将项目该怎样做依据自己的理解梳理出来，通过评估实施监管。其实，在体制内很多自上而下的监管的确也是这样做的，而眼下这样一种风气已被推演到社会化评估的领域。

3. 为什么形式化解决不了问题

一个组织的确需要规范的行为模式。但通常规范属于监管的范畴，而评估则更需要关注那些具有深度技术含量的，蕴含着解决问题思路的最终能导向目标实现的组织运作成分。并且，如果它还在一个处于发展中的领域，那么也需要关注组织的创新与发展。这样的做法才会明确评估的定位，并且通过评估引领组织向着更卓越的方向发展，而不是束缚住组织的手脚。

可以借助项目模式的概念来思考，尤其关注其中的五个层级现象。先看第三层级，同样的行为由两个不同的人做，其效果是不同的，原因是他们内心的用意、温暖度等重要参数可能完全不同，而在外观上则看不出来；再看第四层级，仅仅是从社会动员这一点上来看，同样的动作由不同人来做，效果也可以有天壤之别。

即便是第二层级，即便忽略人格因素，形式主义也不足以解决问题。仍然以图书角项目为例，其中有两种截然不同的把控项目的思路。思路之一是看项目的外在表现形式，即它的标准化、流程化、精细化程度，如同我们听到仅仅一个图书递送就有 65 个精细的步骤时，会不禁赞叹项目的卓越，而其实对于为什么是 65 步却并不了解。我们只是看到项目做得如此用心、考虑得如此周到、分解得如此详细，即便是一个外行，也会通过直觉而意识到这个项目的优秀与精美。思路之二则是将项目看透，只抓住其中的节点问题，然后通过自己的把握，通过思路的梳理找到解决方案。新的解决方案可以完全不尊重原来的外在形式，在细节处可以有明显的差别，但是只要它们也能解决节点问题，那么这仍然是一个优秀的项目。

4. 我们该怎样做

如果社会组织使用公共财政资金，要对他们的项目效果进行评估。这时，不依据其行为动作的规范性还能依据什么？其实答案就在于与对方坐下来，探索其表面的形式背后的思路体系。例如，他们认为自己所面临的节点问题是什么，他们怎样证明自己已经有效地解决了该节点问题，然后再拿事实来佐证。相当于一个工程师面对一个加工机器，我们考察它的技术参数，拿着它的说明书看它的承诺是什么，然后开动按钮生产出一个产品看是否这一承诺能在现实中得到兑现，如果有这样一套能力那就不需要在表面形式上大做文章了。

社会组织等级评估同样如此。一家组织运作得好坏，关键是看他们能够产出怎样的产品，看生产的技术与效率，然后，组织内的基础规范再与此配套起来即可。而不是将 1000 分的评估分数，分配出 700 分用于组织规范的评定上。

如果一个评估专家具有专业能力，那么他就不会认为存在唯一的正确方案，更不会关注这套行动方案在表面形式上会产生怎样的结果。依据此来进行评估，深处的一致才是根本，深处的一致也可以产生表面上的无数形式。

三 依据项目模式评估的潜力

在项目模式概念产生出来之后，评估也可以因此而大大提升其发挥作用的潜力，至少让评估本身的质量与效率得到大大的提升。

1. 一个完整的公益产品加工过程

依据项目模式的评估，可以看作让一个公益产品的完整生产过程再现出来。于是，首先看一下一个公益产品的生产过程是怎样的。

第一步是项目模式的产生。这可以基于自己所有经验的积累，基于对其他机构相对成熟项目模式的学习，基于理论上的一些演绎或佐证。

第二步是项目模式的落地工作。如同一台加工机器，它进入工厂，通上电源，开始运作生产，这台机器是否能按设计书上描述的那样正常运转就在这里得到检验，只有在这里成活，原初设计中的那些技术参数，才开始由理论上的设计转化为现实中的真实。

第三步是开始加工出成熟的产品。形象化地描述一个特定的产品：一个人在下午两点进入一个社会工作室，接受特定的服务工作，下午四点他出来了，他的心情状况、认知状况或知识体系、专业技能等方面有可能发生转变，出来的人与进去的人不再完全一致，我们便可以认为这样一种改变是这个社会服务工作室的作用结果。这便是社会服务的产出。有了产品，我们便可以判别它的价值。

第四步是抽检。我们可能对这一个单独的产品十分满意，但即便如此也并不能确证它就是这一种社会服务过程所产生的一般化结果，有可能是这个人的偶然条件决定的，于是就需要进行抽检工作，即抽查出更多的人来看他们是否也产生了这样的变化，最终通过统计看一下偏离程度，可以对整体产品质量有一个把握。

有了上述加工生产公益产品的整个过程，便可以进一步地分析判断由此可以产生出来的潜力点。

2. 第一个潜力：促进学习

评估中使用项目模式的概念与思路，第一个受益点就是，可以通过评估让被评估方获得学习提升的机会。假如评估机构对特定的项目模式有着较为成熟的了解，那么就可以在评估中帮助对方梳理他们的项目模式，发现其存在的问题，让他们向着更成熟、更准确、更有深度和技术含量的方向发展。因此仅仅是双方相互对话，以这种方式来梳理项目模式，就可以实现评估的效果：被评估方可以因为评估而更清晰地了解自己的现状以及改进方向，即便不通过最终的产品测量，不用复杂的问卷调查技术，也可以对组织的状况有最精准、最深切的把握，这时，一个花钱少、见效快的评估就得以完成。

3. 第二个潜力：避免监督

依据项目模式进行评估，可以避免评估带来的监管作用。

前面说过，一家评估机构，尤其是政府的评估机构，会倾向于把表面的运作过程作为评估指标，把制度文档的规范性作为核心依据，从而将被评估方带入被监管的轨道。

项目模式的概念解决了这一难题。一家评估机构如果对特定项目的项目模式有着深度的把握，就可以与对方进行关于项目模式的沟通，从中考察他们项目模式的设计、落地、生产，以及由此所生产的产品；最后，还可以进行抽检。在整个过程中对于评估者的专业能力要求是第一位的：需要评估方成为社会科学领域里的高级工程师，他们能够精准地把握项目模式，而对其的把握越有深度、越精准，越会突破形式与结果的一一对应关系。他们并不会简单地认为，做特定的动作就意味着特定的效果，相反，他们会冲破表面的形式进入实质，进行内在的观察，看他们的思路，看他们的技术含量，看他们行为模式的组合，以及随着外部条件而灵活创新的变动情况。

到了这一步，独立第三方的专业化评估便与政府的行政监管式评估彻底分道扬镳。由此做起点，政府也可以源源不断地将自己手中的权力转移给第三方评估机构，让它们做结果评价。例如，政府作为公共服务提供体系，只作为资金提供方出现，而并不作为考核方、监督方出现。这时，社会第三方机构的作用方式便显示出其核心本质，即通过评估把握对方的实质性精髓，促使对方学习与成长，但丝毫不带有僵化的教条主义式的监管。

于是，一个特定的概念便产生了，这就是专业权力。专业权力是指以专业为依据，通过评价行使权力。这与原来的行政权力相对应。不仅如此，专业权力的拥有者是社会第三方机构，这种机构并不是只有一家；它们会竞标上岗，于是就产生了评估方和被评估方的相互选择机制。因此，它不是以垄断式的方式居高临下地施加作用。

4. 第三个潜力：提高量化评估的质量与效率

第一，项目模式中包含着技术参数，因此从这里就可以确认出我们要把握产品的哪些方面。于是，当我们希望用测量的方式来了解产品到底是什么的时候，就提前知道了要依据什么指标进行测量。而在当下，即使是定量化的评估，指标的选择也未必能够做到准确和恰当。

第二，在测量出特定的数量结果之后，我们也会对此进行解读。我们会知道这一结果到底意味着什么，或者它能得多少分。而在没有项目框架做指引的情况下，是无法做到这一点的，此时，我们可以有精细的数据，可以有大量的数据，却无法对此进行有效解读；而评估报告中的读者更加缺乏这方面的专业性，因此他们不仅无法解读，还会将原因归于自己，却并没有看到这其实是评估者存在的缺陷。

第四，这里使用的是抽检的概念，即先有一个单一的产品或关于产品是什么的理想描述，然后再抽查看一下实际的产品与理想情况的偏离。此前的做法则并不是这样，它们可能并没有关于产品是什么的概念，它们通过抽样统计将不同指标的数据加总到一起，用统计结果建构出了一个产品。显然从概率角度来讲，抽检是测量产品的实际情况与标准情况的偏离，而简单粗暴的测量则是通过抽样统计来建构关于产品是什么的说明，二者之间的准确程度显然是不一样的。

5. 第三条评估道路

以上通过三个方面来说明，有了项目模式之后评估可以产生怎样的升级换代作用。它既对那种监管式评估产生了革命式

的冲击，又对定量式评估有着某种提升作用。基于项目模式的
评估，就是这样与既往关于评估的理论形成对话的，它意欲在
既有的两条评估思路之上建构第三条评估通道。它的好处表现
在以下方面。第一，可以简化地使用，从而起到发展式评估的
作用，促使评估方和被评估方相互学习。第二，可以有深度地
使用，从而让监管式的评估最终转化为基于深度了解而产生的
支持性评估。它还可以对产品进行精细的测量以及抽检，从而
进行统计学描述，只是这里的统计学描述更接近统计学的本
质，即通过统计来描述偏离作用，而不是描述产品是什么。

图书在版编目（CIP）数据

公益项目模式：理论框架及其应用／陶传进等著
. -- 北京：社会科学文献出版社，2020.7（2024.7 重印）
ISBN 978 - 7 - 5201 - 6832 - 8

Ⅰ.①公…　Ⅱ.①陶…　Ⅲ.①慈善事业 - 项目管理 -
管理模式 - 研究 - 中国　Ⅳ.①D632.1

中国版本图书馆 CIP 数据核字（2020）第 115944 号

公益项目模式
——理论框架及其应用

著　　者／陶传进　朱照南　刘程程 等

出 版 人／冀祥德
组稿编辑／刘骁军
责任编辑／姚　敏
文稿编辑／郭锡超
责任印制／王京美

出　　版／社会科学文献出版社·法治分社（010）59367161
　　　　　　地址：北京市北三环中路甲 29 号院华龙大厦　邮编：100029
　　　　　　网址：www. ssap. com. cn
发　　行／社会科学文献出版社（010）59367028
印　　装／唐山玺诚印务有限公司

规　　格／开本：787mm × 1092mm　1/16
　　　　　　印张：14.75　字数：178 千字
版　　次／2020 年 7 月第 1 版　2024 年 7 月第 2 次印刷
书　　号／ISBN 978 - 7 - 5201 - 6832 - 8
定　　价／78.00 元

读者服务电话：4008918866